POSITIVIDADE TÓXICA

POSITIVIDADE TÓXICA

Como resistir à sociedade do otimismo compulsivo

SVEND BRINKMANN

Tradução
Alessandra Bonrruquer

1ª edição

Rio de Janeiro | 2022

EDITORA-EXECUTIVA
Raïssa Castro

SUBGERENTE EDITORIAL
Rayana Faria

EQUIPE EDITORIAL
Beatriz Ramalho
Mariana Gonçalves
Ana Gabriela Mano

COPIDESQUE
Ligia Alves

ADAPTAÇÃO DE CAPA
Ilustrarte Design

REVISÃO
Eduardo Carneiro

DIAGRAMAÇÃO
Ricardo Pinto

TÍTULO ORIGINAL
Stand Firm: Resisting the Self-improvement Craze

CIP-BRASIL. CATALOGAÇÃO NA PUBLICAÇÃO
SINDICATO NACIONAL DOS EDITORES DE LIVROS, RJ

D743f

Brinkmann, Svend
  Positividade tóxica : como resistir à sociedade do otimismo compulsivo / Svend Brinkmann ; tradução Alessandra Bonrruquer. – 1. ed. – Rio de Janeiro : BestSeller, 2022.

  Tradução de: Stand firm : resisting the self-improvement craze
  Apêndice
  ISBN 978-65-5712-158-0

  1. Autorrealização (Psicologia). 2. Autodomínio. 3. Técnicas de autoajuda. I. Bonrruquer, Alessandra. II. Título.

22-75477

CDD: 158.1
CDU: 159.947.5

Meri Gleice Rodrigues de Souza - Bibliotecária - CRB-7/6439

Texto revisado segundo o novo Acordo Ortográfico da Língua Portuguesa.

Copyright © Svend Brinkmann 2014 [All rights reserved.]
This Portuguese edition was published by agreement with Gyldendal Group Agency and Vikings of Brazil Agência Literária e de Tradução Ltda.
Copyright da tradução © 2022 by Editora Best Seller Ltda.

Todos os direitos reservados. Proibida a reprodução,
no todo ou em parte, sem autorização prévia por escrito da editora,
sejam quais forem os meios empregados.

Direitos exclusivos de publicação em língua portuguesa para o Brasil
adquiridos pela
EDITORA BEST SELLER LTDA.
Rua Argentina, 171, parte, São Cristóvão
Rio de Janeiro, RJ – 20921-380
que se reserva a propriedade literária desta tradução

Impresso no Brasil
ISBN 978-65-5712-158-0

Seja um leitor preferencial Record.
Cadastre-se no site www.record.com.br e receba informações
sobre nossos lançamentos e nossas promoções.

Atendimento e venda direta ao leitor:
sac@record.com.br

SUMÁRIO

Agradecimentos   7

Introdução: A vida na pista de alta velocidade   9
1. Pare de olhar para o próprio umbigo   25
2. Concentre-se nos aspectos negativos da vida   41
3. Vista o chapéu do Não   57
4. Reprima seus sentimentos   73
5. Demita seu coach   89
6. Leia um romance — não um livro de autoajuda ou uma biografia   103
7. Pense no passado   119

Apêndice: Estoicismo   137
Notas   151

AGRADECIMENTOS

Muitos livros sobre crescimento, desenvolvimento e realização pessoais foram escritos. Milhões deles são vendidos todos os anos, e a filosofia do desenvolvimento pessoal é onipresente nos mundos da educação e dos negócios.* Nossa vida pode estar em constante estado de fluxo e mudança, mas legiões de coaches, terapeutas e mentores de estilo de vida estão à disposição para nos conduzir seguramente por essas águas revoltas. Este livro é uma tentativa de expressar oposição — de oferecer uma alternativa — à cultura do desenvolvimento pessoal. Em resumo, ele fala não de como se desenvolver, mas de como manter-se firme em sua posição. Não de encontrar a si mesmo, mas de viver consigo mesmo. Ele recomenda o pensamento negativo, e não o positivo, como primeira parada. Ele foi inspirado não por filosofias pop como a dos sete hábitos, pela espiritualidade ou pela teoria U, mas pela sóbria (embora nunca tediosa) filosofia

---

* Meu interesse por essa área surgiu há uma década, quando, juntamente com Cecilie Eriksen, editei a obra crítica *Selvrealisering–kritiske diskussioner af en grænseløs udviklingskultur* [Autorrealização? Discussões críticas sobre uma cultura de desenvolvimento sem limites] (Klim, 2005).

do estoicismo, como formulada na Roma Antiga tanto por uma pessoa escravizada (Epiteto) quanto por um imperador (Marco Aurélio). No início isso pode soar estranho... mas seja paciente.

Gostaria de aproveitar a oportunidade para agradecer a Lise Nestelsø e Anne Weinkouff por publicarem a versão original, dinamarquesa, mesmo sendo tão radicalmente diferente dos outros livros do catálogo da Gyldendal Business. Precisamente por isso vocês foram as editoras certas para esta obra, e agradeço a confiança depositada em mim e em meu trabalho. O processo foi agradável do início ao fim. Anne foi de extrema ajuda como ouvinte crítica, leitora e editora. Também gostaria de agradecer a Anders Petersen, Ester Holte Kofod e Rasmus Birk, que fizeram muitos comentários valiosos sobre o manuscrito. Minha gratidão a Todd May pelo feedback positivo e por recomendar o livro à Polity Press — uma editora sob cujo selo estou imensamente orgulhoso de publicar. Por fim, mas não menos importante, agradeço a Louise Knight, a excelente editora da edição britânica, e a Tam McTurk, pela tradução fenomenal.

INTRODUÇÃO: A VIDA NA PISTA DE ALTA VELOCIDADE

Muitos de nós achamos que tudo se move cada vez mais rápido nos dias atuais. O ritmo da vida parece estar acelerando. Estamos sob uma barragem permanente de novas tecnologias, rodadas de reestruturação no trabalho e tendências passageiras em termos de alimentação, moda e curas milagrosas. Você compra um smartphone e já precisa atualizá-lo para instalar os últimos aplicativos. Antes de ter tempo de se acostumar ao sistema operacional do escritório, uma nova versão é instalada. Assim que descobre como tolerar um colega irritante, a organização é reestruturada e você precisa aprender a conviver com uma nova equipe. Trabalhamos em "organizações de aprendizagem" nas quais a única constante é a mudança incessante e a única certeza é que aquilo que aprendemos ontem estará obsoleto amanhã. A educação continuada e o aprimoramento incessante das habilidades se tornaram conceitos-chave no sistema educacional, no mundo dos negócios e em outros setores.

Os sociólogos usam metáforas como "modernidade líquida" para descrever nossa era, na qual tudo está em estado de perpétua mudança.[1] O *tempo*, em particular, é visto como líquido: é como se todos os limites tivessem sido apagados. Por que deve ser assim ninguém realmente sabe. E ninguém tampouco sabe para onde estamos indo. Alguns alegam que a globalização — ou, mais especificamente, "a ameaça representada pela globalização" — significa que a mudança constante é inevitável. As empresas são obrigadas a se adaptar a demandas e especificações sempre diferentes, de modo que suas equipes precisam ser flexíveis e atentas às mudanças. Há pelo menos duas décadas os anúncios de emprego vêm regurgitando a surrada frase "Procuramos uma pessoa flexível, adaptável e aberta ao desenvolvimento profissional e pessoal". Ficar parado é o pecado supremo. Se você fica parado enquanto todo mundo avança, é deixado para trás. Atualmente, isso equivale a regredir.

Na modernidade líquida — também chamada de capitalismo flexível, pós-fordismo e sociedade de consumo —, a regra número 1 é *acompanhar*.[2] Mas, em uma cultura na qual o ritmo de tudo acelera constantemente, acompanhar é cada vez mais difícil. O ritmo no qual fazemos tudo — de mudar de emprego e escrever artigos a preparar refeições — é cada vez mais rápido. Por exemplo, agora dormimos meia hora a menos por noite, em média, do que em 1970, e até duas horas a menos do que no século XIX.[3] Quase todos os aspectos da vida foram acelerados. Agora falamos de *fast-food*, *speed-dating*, *power-naps* e terapia de curto prazo. Recentemente testei um aplicativo chamado Spritz. Ele mostra somente uma palavra de cada vez, mas aumenta a velocidade de leitura de 250 para quinhentas a seiscentas palavras por minuto. Subitamente se torna possível ler um romance em algumas horas! Mas isso ajuda a entender melhor a literatura? Por que a velocidade se tornou um fim em si mesma?

Os críticos dessa mudança de ritmo afirmam que ela leva a uma sensação generalizada de alienação das atividades nas quais estamos engajados e à constante impressão de não termos tempo. Em teoria, os avanços tecnológicos deveriam nos fazer ganhar tempo, permitindo que jogássemos bola com as crianças, fizéssemos artesanato ou discutíssemos política. Mas o oposto se mostra verdadeiro se o tempo que ganhamos (por exemplo, com as tarefas rotineiras ou com as linhas de produção automatizadas ou transferidas para países em desenvolvimento) é empregado em novos projetos e preenche ainda mais uma agenda já lotada. Em nosso mundo secular, já não vemos o paraíso eterno como a cenoura no fim da vara da vida. Em vez disso, tentamos fazer o máximo possível no tempo relativamente curto que temos no planeta. Evidentemente, essa é uma empreitada fútil, condenada ao fracasso. É tentador interpretar a epidemia moderna de depressão e burnout como resposta à natureza insuportável da aceleração constante. O indivíduo em desaceleração — que vai mais devagar em vez de ir mais depressa, e talvez até pare por completo — parece deslocado em uma cultura caracterizada pelo desenvolvimento desenfreado, e sua atitude pode ser interpretada como uma patologia (ou seja, diagnosticado como clinicamente deprimido).[4]

Como se acompanha uma cultura de aceleração? Acompanhar significa estar disposto a se adaptar constantemente.

Implica desenvolver-se continuamente no aspecto pessoal e profissional. Os céticos chamam a educação continuada de "aprender até morrer" (para muitos, os intermináveis cursos ministrados por consultores bem-intencionados são uma forma de tortura ou mesmo um purgatório). Nas organizações modernas de aprendizagem, com estruturas achatadas de gestão, responsabilidades delegadas, equipes autônomas e limites difusos ou inexistentes entre a vida profissional e a pessoal, as competências mais importantes são as pessoais, sociais, emocionais e de aprendizagem. Na ausência de ordens dadas por um chefe autoritário, temos de negociar uns com os outros, trabalhar juntos e decidir o que é certo. Atualmente os funcionários ideais são aqueles que se veem como reservatórios de competências e que consideram sua responsabilidade monitorá-las, desenvolvê-las e otimizá-las.

As práticas e os relacionamentos humanos ligados a questões outrora consideradas pessoais agora são vistos como ferramentas e empregados por empresas e organizações para motivar o desenvolvimento da equipe. Emoções e características pessoais foram instrumentalizadas. Se você não aguenta o ritmo — se é lento demais, não tem energia ou simplesmente desmorona —, os remédios prescritos são coaching, gerenciamento do estresse, atenção plena e pensamento positivo. Somos todos aconselhados a "viver o momento presente", e não é difícil perder completamente o rumo e a noção do tempo quando tudo em volta acelera. Pensar no passado é considerado um retrocesso, ao passo que o futuro é somente uma série de momentos imaginados e desconectados, em vez de uma trajetória de vida clara e coerente. Mas é possível planejar no longo prazo quando o mundo está tão focado no agora? Será que devemos ao menos tentar? Por que se preocupar se tudo inevitavelmente mudará de novo? E, no entanto, se você insiste em ideais de longo prazo e objetivos estáveis, é visto como difícil e inflexível — um "inimigo da mudança", como diriam os consultores. "Pense positivo e busque soluções" é o mantra, não queremos mais ouvir reclamações ou ver rostos contrariados. A crítica deve ser reprimida. Ela é uma fonte de negatividade, e todo mundo sabe que as coisas funcionam melhor quando você "faz aquilo que faz melhor", certo?

MOBILIDADE *VERSUS* ESTABILIDADE

A mobilidade supera a estabilidade em uma cultura acelerada. Você precisa ser rápido, "líquido", mutável, capaz de dançar conforme múltiplas músicas e partir em qualquer direção a qualquer momento. Estabilidade e raízes implicam o oposto, que você está empacado. Você pode ser flexível como o caule de uma flor, mas desenraizar-se e realocar--se são práticas mais complexas. Todavia, mesmo em uma cultura acelerada, o termo "fincar raízes" ainda possui conotações positivas, embora ligeiramente antiquadas. Ter raízes é estar conectado a outras pessoas (família, amigos, comunidade), ideais, lugares ou talvez a um local de trabalho pelo qual sinta certa lealdade. Atualmente, essas conotações positivas com frequência são minadas por uma definição mais negativa. Cada vez menos de nós fincam raízes no sentido demográfico. Mudamos de emprego, de parceiro e de residência mais vezes do que as gerações anteriores.

Estamos inclinados a falar sobre pessoas "presas", em vez de "enraizadas", e não dizemos isso no bom sentido. "Você se adequou ao cargo" tampouco é uma declaração inequivocamente positiva.

O marketing é uma arena na qual esses fenômenos contemporâneos são particularmente evidentes. Os anúncios são a poesia do capitalismo, o local onde são reveladas as estruturas subconscientes e simbólicas da sociedade. Há alguns anos, vi um anúncio da rede hoteleira InterContinental que dizia: "Você não pode ter um lugar favorito até ter visto todos." O slogan era acompanhado da foto de uma ilha tropical e da pergunta "Você vive uma vida InterContinental?" Em outras palavras, você não pode se sentir *conectado* a um lugar específico até ter estado em toda parte. Esse é o fim extremo da filosofia mobilidade *versus* raízes. Ligar-se a um lugar é separar-se dos outros grandes lugares do mundo. Aplicada a outros aspectos da vida, a mensagem é claramente absurda, a despeito de ser bastante comum: você não pode ter um *emprego* favorito até ter tentado todos os outros. Não pode ter uma *esposa* favorita até ter "testado" todas as parceiras potenciais. Quem sabe um emprego diferente faria com que eu me desenvolvesse melhor como pessoa? Quem sabe uma parceira diferente agregaria mais à minha vida do que aquela com quem estou agora? No século XXI, em uma era que prefere a mobilidade às raízes, as pessoas têm muita dificuldade para estabelecer relacionamentos estáveis com outras pessoas, incluindo sócios, cônjuges e amigos. Na maioria dos casos são mantidos os chamados *relacionamentos puros*, ou seja, baseados exclusivamente em emoções.⁵ Os relacionamentos puros não são baseados em critérios externos, assim como as considerações práticas (como a segurança financeira) não desempenham um papel qualquer. Eles se baseiam simplesmente no efeito emocional de comungar com o outro. Se eu sou "a melhor versão de mim mesmo" quando estou com minha parceira, então o relacionamento é justificado. De outro modo, não. Pensamos em relacionamentos humanos como temporários e substituíveis. Os outros são ferramentas em nosso desenvolvimento pessoal, e não indivíduos por si sós.

Este livro se baseia na premissa de que se tornou difícil fincar raízes e adquirir estabilidade. Estamos todos concentrados na mobilidade, no avanço. No futuro próximo, provavelmente há pouco que se possa fazer a respeito — não que seja inteiramente desejável retornar a um estado no qual nossa vida seja governada por parâmetros rígidos como parentesco, classe e gênero. Há algo único e humanizante na habilidade da modernidade líquida para libertar as pessoas de tais restrições, embora em extensão limitada, porque fatores como gênero e classe continuam, obviamente, a desempenhar um papel significativo na modelagem do potencial do indivíduo, mesmo nos modernos e igualitários estados de bem-estar social. Muitos, infelizmente, compram a ideia de que podem "fazer qualquer coisa" (uma ideia imposta particularmente aos jovens), e a autoflagelação é uma reação perfeitamente compreensível quando seus esforços se mostram inadequados. Se você pode fazer qualquer coisa, então deve ser por alguma falha sua que o sucesso se prova fugidio no trabalho ou no amor (para Freud, *lieben und arbeiten* [amar e trabalhar] eram as duas arenas existenciais mais significativas). Não surpreende, portanto, que atualmente tantas pessoas anseiem por um diagnóstico psiquiátrico que explique o que percebem como inadequações pessoais.[6] Outro slogan semipoético — da gigante farmacêutica GlaxoSmithKline, que fabrica produtos como a "pílula da felicidade" Paxil — diz: "Faça mais, sinta-se melhor, viva mais tempo." Esses são os objetivos-chave em uma cultura acelerada, e as drogas psicoativas nos ajudam a conquistá-los, a fim de que possamos *fazer mais* (independentemente do que seja?), *sentirmo-nos melhores* (independentemente do que desperte nossas emoções?) e *viver mais tempo* (qualquer que seja a qualidade desses anos extras de vida?). Em uma cultura acelerada, espera-se que façamos mais, melhor e por mais tempo, com pouquíssima consideração pelo conteúdo ou sentido do que estamos fazendo. O desenvolvimento pessoal se tornou um fim em si mesmo. E tudo gira em torno do eu. Se nos acreditamos indefesos em um mundo que Zygmunt Bauman descreveu como "turbilhão global", tornamo-nos mais autocentrados — e como consequência, infelizmente, ainda mais indefesos.[7] Segue-se um círculo vicioso. Voltamo-nos para dentro a fim de dominar um mundo incerto, que parece cada vez mais incerto conforme nos tornamos mais e mais isolados, tendo somente a nós mesmos como companhia.

ENCONTRANDO SEU LUGAR

Se a mobilidade é a finalidade máxima da cultura moderna e é difícil fincar raízes, então o que *podemos* fazer? Sob o risco de aumentar o fardo de expectativas existentes sobre o indivíduo em anos recentes, a mensagem deste livro é que devemos aprender a *nos manter firmes* — e talvez, com o tempo, até mesmo a nos sentirmos confortáveis em nossa posição. No entanto, é mais fácil falar do que fazer. Tudo ao nosso redor fala sobre desenvolvimento, mudança, transformação, inovação, aprendizado e outros conceitos dinâmicos que permeiam uma cultura acelerada. Que fique claro, desde o início, que estou inteiramente consciente de que algumas pessoas não querem se manter firmes. Elas estão se saindo muito bem na cultura acelerada. Embora eu acredite que, com o tempo, elas corram o risco de perder a integridade e de ignorar aspectos importantes da vida, obviamente aceito sua preferência pelo movimento perpétuo. Este livro não é para elas. É para aqueles que querem encontrar sua posição, mas são incapazes de expressar esse desejo. Eles podem até ter tentado, mas foram chamados de rígidos, recalcitrantes ou reacionários por seus pares.

Nossa era secular está tomada pela incerteza e pela angústia existencial, e isso torna difícil permanecer firme. O resultado é que a maioria de nós é alvo fácil para todo tipo de orientação, terapia, coaching, atenção plena, psicologia positiva e desenvolvimento pessoal em geral. Em esferas como dieta, saúde e exercícios, surgiu uma verdadeira religião que constantemente cria preceitos a seguir e regimes a adotar. Em um momento o que você deve comer é determinado por seu tipo sanguíneo; no seguinte, pela dieta de seus ancestrais paleolíticos. Parece que nós — e não tenho medo de me incluir nesse "nós" — perdemos o propósito e a direção, e corremos de um lado para o outro procurando a mais nova receita para a felicidade, o progresso e o sucesso. Da perspectiva psicológica, isso lembra um estado coletivo de dependência. Carl Cederström e André Spicer o chamaram de síndrome do bem-estar.[8] Alguns (cada vez menos) são viciados em cigarros e álcool, mas cada vez mais pessoas parecem ser dependentes dos conselhos de mentores de estilo de vida, desenvolvedores pessoais e gurus da saúde. Incontáveis coaches, terapeutas, especialistas em autodesenvolvimento e consultores de positividade surgiram para nos ajudar a fazer a transição para a cultura acelerada. Incontáveis livros de autoajuda e guias de sete passos foram escritos com o objetivo de encorajar e apoiar o desenvolvimento pessoal. Olhe para as listas de livros mais vendidos: elas sempre incluem livros sobre comida e saúde, guias de autoajuda e biografias de celebridades.

Foi por isso que escrevi este livro como um guia de sete passos, na esperança de me opor a alguns dos conceitos sobre positividade e desenvolvimento que proliferam nessa cultura acelerada. Espero que você reconheça aspectos problemáticos do *Zeitgeist* em sua vida e talvez construa um vocabulário com o qual resistir à terminologia do desenvolvimento e da mudança incessantes. A ideia é que este guia seja uma espécie de antilivro de autoajuda e inspire as pessoas a mudar a maneira como pensam e vivem sua vida. Afirmo que, para aprendermos a sobreviver em uma cultura acelerada — para nos *mantermos firmes* —, devemos buscar inspiração na filosofia estoica clássica, especialmente quanto à ênfase no autocontrole, na paz de espírito, na dignidade, no senso de dever e na reflexão sobre a natureza finita da vida. Essas virtudes geram um sentimento mais profundo de realização que o foco superficial no desenvolvimento e na transformação permanentes. O estoicismo é uma tradição fascinante e uma das pedras fundamentais da filosofia ocidental, mas é apresentado aqui por razões puramente pragmáticas. Por que reinventar a roda estoica? Estou interessado em sua relevância para *nossa* era e seus desafios, e não em saber se o estou interpretando corretamente no contexto de sua época (provavelmente não). Meu uso do estoicismo é seletivo, e há aspectos dessa filosofia com os quais certamente não concordo (para um relato mais detalhado, por favor, consulte o Apêndice).

O estoicismo se originou na Grécia Antiga e mais tarde foi adotado pelos pensadores romanos. Mas este livro não pretende ser uma introdução ao pensamento estoico como representado pelos romanos Sêneca, Epiteto, Marco Aurélio e, em certa extensão, Cícero.[9] O que ele faz é usar aspectos do estoicismo para responder a desafios da vida moderna:

- Onde a visualização positiva é pregada (pense em tudo que você quer conquistar!), os estoicos recomendam a visualização negativa (o que aconteceria se você perdesse o que tem?).
- Onde você é encorajado a pensar em termos de oportunidades constantes, os estoicos recomendam que reconheça e se rejubile com suas limitações.
- Onde se espera que você dê rédea solta a seus sentimentos em todos os momentos, os estoicos recomen-

dam que aprenda autodisciplina e, às vezes, reprima seus sentimentos.
- Onde a morte é considerada um tabu, os estoicos recomendam contemplar diariamente sua própria mortalidade, a fim de fomentar a gratidão pela vida que tem.

Em resumo, este livro é para o leitor que busca uma linguagem com a qual enfrentar o desenvolvimento compulsório na atual cultura acelerada. As várias crises que encaramos — ecológicas, econômicas ou psicológicas — são em grande parte resultado da limitada filosofia do crescimento infinito e da cultura acelerada como um todo. Embora o estoicismo não seja uma panaceia, ele talvez possa inspirar as pessoas a encontrar novas maneiras de viver ao se manter firmes, aceitando quem são e o que têm em vez de buscar o desenvolvimento e adaptação constantes. Isso pode soar como a própria definição do conservadorismo, mas, em uma cultura na qual tudo está em aceleração, certa forma de conservadorismo pode ser a abordagem verdadeiramente progressista. Aqueles que se mantêm firmes são, paradoxalmente, os mais bem preparados para lidar com o futuro. Tenho consciência de que este livro não resolve problemas sociais e estruturais que exigem soluções coletivas e ação política. Mas talvez possa ajudar leitores que, como eu, estão desconfortáveis com as tendências atuais na educação, no trabalho e na esfera privada, que parecem absurdas e grotescas quando vistas à fria luz do dia. Também tenho consciência de que, paradoxalmente, este livro é um sintoma da individualização que busca desafiar. Mesmo assim, espero que, ao enfatizar esse paradoxo (ao emular a forma de um guia de sete passos, por exemplo), consiga chamar a atenção para os males de uma cultura acelerada. Os exemplos que apresento para apoiar meus argumentos pretendem mostrar quão distorcida e problemática é a sabedoria convencional.

Os sete capítulos a seguir representam os passos para encontrar sua posição e se manter firme nela. O objetivo é ajudar o leitor a escapar da dependência do desenvolvimento, da adaptação, da terapia e dos gurus de estilo de vida. Qualquer um que já tenha participado de um curso de pensamento positivo pode achar que estou pintando um retrato demasiado sombrio de nossa era. Fui pego no flagra! Este é precisamente um de meus argumentos: queixas, críticas, melancolia e talvez até mesmo tristeza e pessimismo podem ser úteis. Também há certo prazer inegável em ficar de fora da cultura acelerada e notar que o copo que lhe disseram estar meio cheio está, na verdade, meio vazio. Você, caro leitor, descobrirá isso por si mesmo ao avançar pelos sete passos. Aprenderá a observar, talvez com ligeiro orgulho, que os outros estão engajados em uma corrida frenética naquela rodinha de exercícios para hamsters, caçando o próximo propósito, a próxima tendência, a próxima conquista — seja uma fatia maior do mercado, seja um parceiro mais atraente. Você provavelmente perceberá quanto já fez isso e concluirá que essa é uma maneira um pouco imatura de viver a vida. É importante que crianças e jovens sejam flexíveis e capazes de se desenvolver — não há dúvidas quanto a isso —, mas, como adultos, devemos ser capazes de nos manter firmes.

A negatividade recomendada neste livro tem uma própria e revigorante psicologia. Mas não deve, é claro, degenerar em um pessimismo niilista que leve à resignação, ao tédio existencial ou à verdadeira depressão. Ela deve levar à aceitação de suas responsabilidades e deveres, e ao seu propósito de vida. Como sabiam os estoicos, refletir sobre a brevidade da vida e seus muitos e inevitáveis problemas leva a um senso de solidariedade com aqueles que estão no mesmo barco — ou seja, todo mundo. A negatividade lhe dará tempo e oportunidade para observar e criticar os aspectos problemáticos da existência. E fará você se habituar a se concentrar no que é importante: fazer o que é certo, ou seja, cumprir seu dever.

Em sua primeira versão, um dos passos deste guia era "Nunca confie em um guia de sete passos". Ainda acho que esse é um bom conselho, mas percebi que era frágil demais para ser a base de todo um capítulo. Os sete passos passaram a ser:

1. Pare de olhar para o próprio umbigo
2. Concentre-se nos aspectos negativos da vida
3. Vista o chapéu do Não
4. Reprima seus sentimentos
5. Demita seu coach
6. Leia um romance — não um livro de autoajuda ou uma biografia
7. Pense no passado

Cada capítulo começa com uma recomendação, após a qual explico e exemplifico por que é certo agir dessa maneira.

Onde é cabível, menciono brevemente a inspiração fornecida pelos filósofos estoicos e mostro como o pensamento deles pode nos inocular contra os males dessa cultura acelerada. Também ofereço exercícios práticos para ajudar você a se manter firme. O Apêndice fala com um pouco mais de profundidade sobre o estoicismo. Ele se destina primariamente ao leitor que deseja saber mais sobre essa tradição e sua relevância para a era moderna.

De modo geral, este deve ser lido como um livro de autoajuda — embora projetado para ajudá-lo a não depender de outros livros do gênero —, e uma crítica cultural disfarçada de guia de sete passos. A ideia é desencorajar a dependência excessiva do eu e encorajar uma visão de mundo mais abrangente.

1. PARE DE OLHAR PARA O PRÓPRIO UMBIGO

Quanto mais olhar amorosamente para seu umbigo, pior você vai se sentir. Os médicos chamam isso de paradoxo da saúde: quanto mais ajuda os pacientes recebem, quanto mais se autodiagnosticam, pior eles se sentem. A maioria dos gurus de autoajuda vai incentivar você a basear suas decisões em sentimentos viscerais. Não faça isso. Não é uma boa ideia. Uma vez por ano é suficiente em termos de autoanálise. As férias de verão são uma boa época para isso. Para piorar as coisas, esse tipo de exame de consciência é chamado de "encontrar a si mesmo". Quase sempre termina em decepção, com você jogado no sofá e se entupindo de chocolate.

Analisar e encontrar a si mesmo são dois dos mais onipresentes conceitos da cultura contemporânea. Embora não sejam idênticos, eles estão conectados. Para descobrir quem você *realmente* é — não somente quem seus pais, professores e amigos dizem que é —, você precisa remover camada após camada de falsa consciência e aprender a ouvir o que o seu eu interior tem a dizer. Se já teve dúvida sobre algo (e quem nunca teve?), provavelmente pediu o conselho de alguém e perguntou: "O que *você* acha que eu devo fazer?" E é possível que tenha ouvido que devia seguir seu coração. Dizemos isso uns aos outros há décadas, ao menos desde o florescimento da cultura jovem da década de 1960, quando as normas sociais e as autoridades externas foram substituídas pelo exame de consciência pessoal. O Passo Um deste guia é aceitar que você não encontrará respostas olhando para dentro. Simplesmente não há razão para dar tanta importância aos sentimentos viscerais e à introspecção.

Inicialmente isso pode parecer contraditório, mas é apenas bom senso. Se um amigo está com problemas e pede ajuda, não faz sentido basear sua reação na maneira como ajudá-lo faria *você* se sentir. Você precisa pensar nele. Precisa basear sua reação na ideia de que é importante ajudar os outros *per se* sempre que possível, independentemente das *suas* sensações. Sempre que aficionados por ciências, arte ou filosofia insistem que o conhecimento de Einstein, Mozart ou Wittgenstein enriquece a experiência humana, você não se pergunta "Sim, mas como eu me sinto em relação a eles?" antes de decidir se são ou não interessantes. Você precisa se interessar pelo que eles *disseram*, não pela maneira como se sente ao ouvir o que disseram. Precisa aprender a olhar para fora, não para dentro; a estar aberto para outras pessoas e culturas e para a natureza. Precisa acreditar que o eu interior não contém a chave para viver a vida. O eu é meramente uma ideia, um constructo, um subproduto da história cultural. Como tal, ele é, por sua própria natureza, mais externo que interno.

Essa ideia de voltar-se para dentro, para o eu, que emergiu do espírito antiautoritário da década de 1960, posteriormente foi institucionalizado em escolas e locais de trabalho em muitos países. Espera-se que os alunos encontrem respostas não somente nos livros ou na natureza, mas também dentro de si mesmos. Espera-se que se classifiquem como aprendizes visuais, aurais, táteis ou ativos e modelem seu desenvolvimento pessoal de acordo com essa classificação. Jornadas psicológicas de autodescoberta e introspecção são enaltecidas como formas de aprendizado mais eficazes. Empregadores nos enviam para cursos de desenvolvimento pessoal e gestores nos ensinam a identificar e explorar nosso eu interno e nossas competências essenciais. "O manual está dentro de você", diz o slogan da mística teoria U de Otto Scharmer (à qual retornarei mais tarde). Mas talvez tenha chegado a hora de perguntar quão bem quatro décadas de contemplação do umbigo realmente nos fizeram. Nós nos encontramos? Será que isso é possível? Vale a pena tentar? Minha resposta a todas essas perguntas é: não.

INTUIÇÃO

Tornou-se lugar-comum dizer que tomamos decisões com base na intuição. Mesmo executivos importantes em grandes multinacionais usam prontamente essa expressão. Em 2014, uma matéria do *Telegraph* anunciou que "a intuição ainda reina soberana na tomada de decisões empresariais". De acordo com uma pesquisa, somente 10% dos executivos disseram que, se os dados disponíveis contradissessem sua intuição, eles seguiriam os dados e não a intuição. Os restantes reanalisariam os dados, ignorariam os dados ou buscariam mais dados.[1] Alguns poderiam até mesmo consultar revistas ou livros de autoajuda para descobrir como identificar suas intuições.[2] O pseudoguia a seguir mostra alguns dos conselhos mais comuns oferecidos por revistas de estilo de vida:

1. Encontre uma posição confortável. Feche os olhos e volte sua atenção para dentro. Inspire profundamente, segure o ar por um momento e expire. Repita três vezes e perceba o efeito que o exercício respiratório teve em seu corpo.

2. Agora tome consciência de seu corpo e relaxe pouco a pouco. Comece com os dedos dos pés. Ao relaxar, você sentirá uma forma mais autêntica de contato consigo mesmo, com suas necessidades e com sua voz interior.

3. Observe o que acontece em seu interior. Quando começar a sentir algo, não tente modificar a sensação de maneira alguma. E não recue, mesmo que inicialmente se sinta desconfortável. É neste momento que você entra em contato com sua alma — ou sua essência, se preferir.

4. Faça perguntas. Todas as respostas já estão dentro de você. Sempre que sentir algo que não compreende totalmente, pergunte a si mesmo por quê. Pergunte a si mesmo o que pode aprender com isso, e confie que receberá a resposta. Ela pode assumir a forma de um pensamento, uma imagem, uma sensação física ou uma percepção intuitiva.

5. Use essa resposta. Comece a agir com base no que sente. Use sua intuição para levar a vida. Quando ousar se mostrar aberto e vulnerável, você começará a crescer. Já não terá de se adaptar ao restante do mundo. Novas oportunidades começarão a surgir.

Esse guia é uma paródia das publicações mais superficiais, mas o conteúdo não está muito longe do que é recomendado por gurus e consultores nas indústrias de atenção plena e desenvolvimento pessoal. Primeiro você tem de relaxar — algo que a maioria de nós concorda ser agradável de vez em quando. Em seguida, está na hora de "sentir suas necessidades" ao ouvir sua "voz interior". E é aqui que as coisas começam a ficar fantasiosas. Seja cauteloso ao encontrar expressões como essa. Vale a pena dar ouvidos a sua voz interior? E se ela disser que você deveria beijar aquele seu colega de trabalho na festa da empresa, mesmo que ele ou ela seja comprometido? Os autores desse tipo de guia sem dúvida responderiam que, em uma festa da empresa, você não está realmente em contato com sua *essência* interior. Bem, pode ser. Mas como você vai saber? Somente mergulhando de modo ainda mais profundo em si mesmo e terminando preso em um círculo vazio que, no fim das contas, o deixará completamente entorpecido. Philip Cushman certa vez disse que a depressão epidêmica do Ocidente é explicada pelo fato de que, se você olha para dentro por tempo suficiente — se passa muito tempo contemplando como se sente e usando a terapia para se encontrar —, fica deprimido ao perceber que, na verdade, não há nada lá dentro.[3] Se, como se afirma constantemente, o sentido da vida é encontrado dentro do indivíduo, não encontrar nada torna a vida sem sentido. Ao passar muito tempo olhando para o próprio umbigo, você corre o risco de terminar decepcionado.

Você também corre o risco de encontrar as respostas erradas. O guia que inventei diz que "todas as respostas já estão dentro de você". Pense em quão absurda é essa afirmação. O que devemos fazer a respeito das mudanças climáticas? Como se prepara massa de bolinho? Qual é a palavra chinesa para "cavalo"? Eu tenho o conhecimento necessário para ser um bom engenheiro? Até onde sei, as respostas a essas perguntas não estão escondidas dentro de mim ou de você — nem mesmo a última. A sociedade estabelece padrões objetivos para o que constitui ser um bom engenheiro (habilidades técnicas, conhecimento matemático etc.), e eles não têm qualquer relação com a maneira como você se sente. Trata-se de habilidades que outras pessoas são capazes de avaliar. O último passo do guia diz que você deve levar a vida pautado pela intuição: você "já não terá de se adaptar ao resto do mundo". Como se fosse possível! Somente ditadores gozam do "privilégio" de não ter de se adaptar. E, no fim das contas, isso pode ser mais uma maldição do que um privilégio. O imperador Nero — "perante o qual todo o mundo se curvava, que estava perpetuamente cercado por uma multidão incontável de obsequiosos mensageiros do desejo", como disse Kierkegaard[4] — teve de incendiar Roma somente para encontrar alguma resistência e experimentar uma realidade que fizesse mais do que se curvar e rastejar a seus pés. Nero não sentia nenhuma compulsão de se adaptar às circunstâncias. Todo o seu mundo era uma expressão de suas necessidades e seus desejos. Mas somos seres humanos, não deuses. As pessoas precisam se adaptar ao mundo em torno delas.

Como mencionado no início deste capítulo, a autoanálise excessiva traz consigo o risco genuíno de sentir algo que não tem sentido, mas que *adquire sentido* através do próprio processo de ser sentido. Desde a década de 1980, os médicos chamam isso de paradoxo da saúde.[5] Mais e melhores métodos de diagnóstico e tratamento levaram as pessoas a ficar presas em um ciclo de perpétuo autodiagnóstico, resultando em desconforto disseminado e mesmo em hipocondria. Em resumo: quanto mais avançada se torna a ciência médica, mais doentes as pessoas acham que estão. Certamente isso é razão suficiente para reduzir a autoanálise? Podemos ter a sensação de que algo é certo, mas agir instantaneamente em resposta a essa sensação é esquecer que é perfeitamente possível que sintamos algo diferente momentos depois. A questão é que os sentimentos viscerais não são razoáveis por natureza. Se você sente muita vontade de comer um biscoito mas tem uma alergia séria a oleaginosas em geral, terminará amaldiçoando seus sentimentos viscerais quando comer um biscoito de amêndoas.

ENCONTRAR-SE OU APRENDER A VIVER CONSIGO MESMO?

Os constantes estímulos para pensar em como você se sente, em geral, são precursores da mentalidade de "encontre a si mesmo". A psicologia pop e a cultura contemporânea propagam a noção de que o eu real — o ego, a essência ou como quer que se queira chamar — está em nosso interior, e que os processos de socialização e as demandas feitas pelas outras pessoas criam um eu manufaturado que deve ser superado. Nas décadas de 1960 e 1970, a autorrealização emergiu como nome para o processo de se despir desse falso eu, de ouvir sua voz interna, refletir sobre a maneira como se sente internamente e, como consequência, ser autêntico.

Você já leu que a ideia de voz interna deve ser tratada com uma boa dose de saudável ceticismo. Também pode se perguntar por que se presume que é dentro de nós mesmos que somos mais verdadeiramente "nós mesmos". Por que o eu não é refletido em nossas ações, nossa vida e nossos relacionamentos, ou seja, em tudo que nos é externo? O filósofo Slavoj Žižek usou os seguintes termos:

> *O que me interessa é [...] como pode haver mais verdade na máscara que você adota do que em seu eu real e interno. Sempre acreditei nas máscaras, nunca no potencial emancipatório do gesto de retirá-las. [...] A verdadeira máscara é meu eu autêntico, real. E a verdade se revela precisamente à guisa de ficção. [...] Acredito em alienação, mas alienação no sentido de [...] um ponto externo de identificação. A verdade está lá fora.*[6]

Embora a psicologia e a filosofia tenham pouco a oferecer em termos de explicação para o fenômeno de olhar para dentro a fim de se encontrar, a sociologia pode oferecer um insight. Por que a humanidade começou a olhar para si mesma dessa maneira? Por que esquecemos que a verdade está lá fora, e não dentro de nós? O sociólogo e filósofo alemão Axel Honneth fornece uma possível resposta. Ele acha que a ideia de que "a resposta está dentro de mim" — e de que o propósito da vida, consequentemente, é a autorrealização — pode ter tido certo apelo libertador na década de 1960.[7] Na época não faltavam boas razões para se livrar das algemas de uma sociedade rígida que impunha restrições desnecessárias ao desenvolvimento pessoal e humano. Honneth argumenta, no entanto, que, embora esse voltar-se para dentro já tenha sido uma forma legítima de resistência ao "sistema" (patriarcado, capitalismo etc.), ele agora se tornou a base sobre a qual o mesmo sistema agora se legitima. Ele acredita que a sociedade de consumo pós-moderna — que neste livro chamo de "cultura acelerada" — cultiva indivíduos flexíveis, mutáveis e constantemente preocupados com o autodesenvolvimento e a reinvenção. Ficar parado em uma sociedade baseada no crescimento e no consumo é sinônimo de conflito. O tsunami de autorrealização incitou e facilitou a demanda de mercado por uma força de trabalho servil e flexível, e é por isso que, nos últimos cinquenta anos, teorias organizacionais e administrativas ostensivamente progressistas priorizaram a "pessoa inteira", os "recursos humanos" e a ideia de autorrealização por meio do trabalho.[8]

A autorrealização já não é um conceito libertador. Em vez disso, envolve aceitar a ideia de um eu interior que é preciso desenvolver e até mesmo capitalizar, de maneiras planejadas para beneficiar o empregador. Atualmente, a real resistência ao sistema consiste não em se voltar para dentro em busca do eu, mas em rejeitar todo esse conceito e descobrir como viver consigo mesmo. A frase "Eu não preciso me desenvolver" raramente é pronunciada durante revisões de desempenho e desenvolvimento — de fato, considerando a ortodoxia prevalente, ela pode ser comparável à heresia.

A MÁQUINA DE PARADOXOS

O paradoxo contido na ideia de que a resistência ao sistema pode assumir a forma de simplesmente ficar parado talvez seja mais bem explicado ao descrevermos a cultura como uma máquina de paradoxos. Por sua própria natureza, a cultura acelerada simplesmente cospe paradoxos, particularmente no contexto da ideia de encontrar a si mesmo. É um paradoxo se o próprio ato de ansiar por algo específico o impede de conquistá-lo. Se ajudar as pessoas as torna dependentes e necessitadas de mais ajuda. No caso de algumas psicopatologias, essa lógica paradoxal é inerente: tentar viver uma vida saudável pode se tornar uma obsessão pouco saudável. A ambição de categorizar o mundo em sistemas racionais pode se tornar uma obsessão irracional. E assim por diante.

Como sociedade, vemos a máquina de paradoxos funcionando em maior escala e em todos os contextos: por exemplo, as tentativas de libertar a classe trabalhadora e seus filhos ao empregar o crítico e antiautoritário "aprender fazendo" meramente reproduziu a desigualdade (e até mesmo a exacerbou em anos recentes), pois essas crianças se viram incapazes de navegar pelas estruturas educacionais difusas, com suas muitas demandas por autonomia e autodesenvolvimento. Os filhos das classes média e alta não encontraram tais problemas. De forma similar, a humanização do local de trabalho — assim como a introdução do autogerenciamento, da delegação de responsabilidades e do desenvolvimento pessoal através do trabalho — levou ao que o sociólogo Richard Sennett chamou de "corrosão do caráter" (o indivíduo já não tem uma fundação firme na qual se apoiar), a uma epidemia de estresse e a um desumanizante colapso da lealdade e da solidariedade interpessoais.[9] Na cultura acelerada, as demandas constantes para ser inovador e criativo e sempre dar aquele passo a mais apenas serviram para cimentar a (falta de) ordem existente. Ler manuais contemporâneos de administração, que ensinam a usar os "valores" para trabalhar com "pessoas inteiras" que precisam "se desenvolver", é como ler uma crítica ao capitalismo da década de 1970. Em resumo: a ideia de transformar a sociedade ao destruir as tradições opressoras e se libertar agora está arraigada na opressora reprodução de si mesma pela própria sociedade. O exame de consciência como meio de autodesenvolvimento ou mesmo de autorrealização se tornou a principal força psicológica da cultura acelerada e de todos os problemas que ela gera. Assim, não somente sua vida será melhor se você abandonar toda essa tolice como a sociedade também irá se beneficiar.

Reconhecer a natureza paradoxal de nossa era pode ter um efeito incapacitante no indivíduo, mas talvez também possa levá-lo à reorientação. As consequências são inerentemente paradoxais: o conservadorismo e sua preferência pela tradição emergem como verdadeiro progresso. Será que aquilo que já foi considerado opressivo pode ser libertador? Será que o hábito e a rotina têm mais potencial que as infinitas invocações da inovação? Talvez aquele que ousa ser como todos os outros seja o verdadeiro individualista? Como em *A vida de Brian*, de Monty Python, no qual o personagem principal, que foi proclamado Messias, diz a seus seguidores: "Vocês entenderam errado. Não precisam me seguir. Não precisam seguir ninguém! Precisam pensar por conta própria. Vocês são todos indivíduos!" O Messias fala a eles sobre a necessidade de serem eles mesmos e de não segui-lo cegamente. De fazerem o que *eles* acham que é certo. E a multidão responde em uma só voz: "Sim, somos todos indivíduos", com exceção de Dennis, que diz: "Eu não sou." Paradoxalmente, ele confirma seu status solitário ao negá-lo. Talvez o mesmo ocorra com encontrar a si mesmo: aqueles que negam que isso faça sentido talvez sejam os mais autênticos — ou ao menos têm algum senso de identidade. Aqueles que rejeitam toda a ideologia de se encontrar e se desenvolver têm mais chances de viver a vida com certo grau de integridade — com identidades coesas e duradouras — e de se ater ao que é mais importante em sua vida.

Desde Rousseau, no século XVIII, acreditamos que a chave é sermos nós mesmos e dar ouvidos a nossa "voz interior", sobre a qual Rousseau foi um dos primeiros a escrever. Sua famosa autobiografia, *Confissões*, começa com as seguintes palavras:

> *Iniciei uma performance que não teve exemplos e não terá imitadores. Quero apresentar a meus irmãos mortais um homem em toda a integridade da natureza, e esse homem serei eu. Conheço meu coração e estudei a humanidade; não sou como nenhum outro homem que conheça, e talvez como nenhum outro homem vivo; se não sou melhor, ao menos reivindico a originalidade.*[10]

Ele articula a ideia de que ser nós mesmos tem algum tipo de valor intrínseco. Não importa quem você seja, ser você tem valor. Isso — como você agora sabe — não é verdade. Sem sombra de dúvida, é melhor ser uma Madre Teresa inautêntica do que um Anders Breivik autêntico. De fato, ser você mesmo não possui nenhum valor intrínseco. Em contrapartida, o que tem valor inerente é cumprir suas obrigações para com as pessoas às quais está conectado (ou seja, cumprir seu dever). Se é ou não "você mesmo" enquanto faz isso é essencialmente irrelevante. Frequentemente, a busca pelo eu faz com que outros sejam sacrificados no caminho, impedindo que você cumpra adequadamente seus deveres e obrigações para com eles. Em minha opinião, é melhor estar em dúvida sobre o que seus sentimentos viscerais significam — e sobre se você encontrou ou não a si mesmo — do que segui-los e perseguir esse vago conceito do eu de maneira bitolada. Quando aceitamos que o eu é algo impossível de definir e os sentimentos viscerais são pouco confiáveis, a própria dúvida se torna uma virtude. Após os passos Um e Dois deste guia, o Passo Três oferece uma introdução mais profunda à dúvida — incluindo a dúvida sobre si mesmo — como virtude. Falaremos mais sobre isso. Primeiro, você precisa aprender a ignorar seus instintos.

O QUE POSSO FAZER?
Dada essa caracterização das demandas por contemplação do umbigo e autorrealização que permeiam a cultura moderna, seria justificado fazer a pergunta óbvia: o que eu posso fazer? Como aprendo a *não* olhar apenas para o meu

próprio umbigo? Os filósofos estoicos não somente têm respostas, como até mesmo sugerem exercícios específicos para ajudá-lo. Começar nem sempre é fácil, mas tente mesmo assim. A sugestão mais óbvia é fazer algo que não se queira fazer. Algo que não pareça certo e mesmo assim possa *ser* certo por razões que não tenham qualquer relação com seus sentimentos. O estoico moderno William Irvine chama isso de "programa de desconforto voluntário".[11] Não precisa ser dramático, como jejuar durante semanas tal qual um místico ascético moderno. Pode ser algo tão simples quanto não comer sobremesa mesmo que esteja com vontade e não esteja de dieta. Ou usar roupas que não sejam quentes o suficiente, de modo que você sinta um pouco de frio. Ou pegar o ônibus em um dia no qual seria mais fácil ir de carro. Ou optar pela bicicleta em um dia de chuva, em vez de pegar o ônibus.

"Há método nessa loucura?", você poderia, muito razoavelmente, perguntar. De acordo com os estoicos, há múltiplas e interconectadas vantagens em fazer coisas que não nos fazem "sentir bem". Primeiro, isso nos fortalece para lidarmos com qualquer provação futura. Se o conforto é tudo o que você conhece, torna-se muito difícil lidar com o desconforto que inevitavelmente encontrará em algum momento da vida, como ficar velho ou doente e perder alguém próximo ou algo valioso. Segundo, praticar o desconforto em pequena escala diminui o medo do infortúnio futuro. De acordo com Irvine, suportar desconfortos menores nos ensina que as experiências desagradáveis não são necessariamente algo a temer. Futuros desconhecidos se tornam menos assustadores quando você aprende a lidar com o conceito de que as coisas nem sempre o farão se sentir bem quando mergulhar em si mesmo à procura de respostas. Terceiro, apreciamos o que temos quando tentamos ficar sem. Você aprecia muito mais o ônibus depois de pedalar na chuva; gosta mais de seu carro após uma longa viagem de ônibus etc. Também é fato — e um fato que muitos filósofos antigos conheciam — que o apreço por uma refeição aumenta significativamente quando estamos com fome. Se aprendemos a *não* comer a qualquer momento, mesmo que uma refeição deliciosa esteja bem na nossa frente, mas, sim, a comer quando estamos com fome, a comida tem um gosto muito melhor. Tente: é um exercício fácil.

No livro sete de suas *Meditações*, o imperador-filósofo romano Marco Aurélio nos implorou para ignorarmos as "agitações da carne". Sucumbir às "agitações da carne" provavelmente era a versão romana de "olhar para dentro de si mesmo" e seguir seus sentimentos viscerais. Ele pede que não façamos isso, sob o risco de nos tornarmos dependentes de nossos desejos corporais. Dar ouvidos a eles remove a razão da equação e torna difícil entender (e cumprir) nosso dever em determinada situação. O objetivo é não passar tempo demais pensando no que está dentro de você, e quando as agitações da carne se tornam tão ruidosas que fica impossível não ouvir, devemos ter força de vontade para resistir, sempre que essa for a resposta apropriada. A força de vontade é como a força muscular, acreditavam os estoicos: quanto mais você a exercita, melhor e maior ela se torna. Por mais tolos que tais exemplos inocentes possam parecer, não é assim tão estúpido praticar a recusa de uma sobremesa, de uma taça de vinho ou de uma carona. O autocontrole é uma das virtudes absolutamente centrais para os estoicos, embora seja uma virtude que encontra certo grau de adversidade em nossa cultura acelerada, com sua tendência a "viver o momento" e suas exortações para *Just Do It!*, como diz o anúncio da Nike. Dito de modo simples, nos tornamos melhores em insistir no que é importante se aprendemos a resistir a incentivos mais ou menos aleatórios (do estômago ou de qualquer outra fonte que possa tomar de assalto nossos sentidos).

O melhor conselho que posso dar para que você pratique o hábito de *não* buscar respostas dentro de si mesmo e fazer algo que não sinta vontade não é se atirar em todo tipo de tolice, mas fazer algo que tenha valor ético. Mesmo que não cause uma *sensação* boa (porque agir eticamente nem sempre tem esse resultado). Desculpar-se com alguém que mereça, mesmo que você se sinta envergonhado. Ou doar uma quantia para a caridade maior do que realmente gostaria. Se, a longo prazo, você se sentir bem, ótimo. Certamente não há nada de errado nisso, porque agora você sabe que não são suas sensações que determinam se você está fazendo a coisa certa. Um estoico evidentemente tem permissão para se sentir bem, inclusive a respeito de suas ações. Mas não é "como ele se sente" que serve como parâmetro para saber se está ou não fazendo a coisa certa.

Agora que estabelecemos isso, está na hora de darmos o próximo passo.

2. CONCENTRE-SE NOS ASPECTOS NEGATIVOS DA VIDA

> *É muito mais divertido ser ranzinza do que eternamente entusiasmado. E com frequência há muitas e boas razões para sermos ranzinzas. Todo mundo envelhece, adoece e, um dia, morre. Se você pensar sobre sua mortalidade todos os dias, apreciará mais a vida. É a isso que se refere o aforismo estoico* memento mori: *lembre-se de que você vai morrer.*

Agora que já aprendeu a ignorar o blá-blá-blá psicológico e parou de tomar decisões com base em seus sentimentos viscerais, você está pronto para o próximo passo. Se perder menos tempo com a introspecção, você provavelmente terá muito mais tempo e energia para dedicar a coisas importantes. Mas o que fazer com todo esse tempo? Você já sabe que tentar "se encontrar" é uma resposta ruim. Você corre o risco de não gostar do que vai encontrar ou de não encontrar nada. Talvez pudesse trabalhar em uma "visão" para o futuro? Ou "pensar fora da caixa" e imaginar como seria a vida se não existissem limites. Afinal, ouvimos constantemente sobre as virtudes do "pensamento positivo". Os psicólogos até mesmo acham que você deveria ter "ilusões positivas", ou seja, pensar a respeito de si mesmo de um modo mais lisonjeiro do que merece, a fim de ir mais longe na vida.

No entanto, em vez de se concentrar em todas as coisas positivas que você tem e que gostaria de realizar, o Passo Dois consiste em aprender a se concentrar nos aspectos negativos. Isso tem múltiplas vantagens. A primeira é permitir que você pense e fale livremente. Muita gente gosta de uma boa reclamação. "A gasolina está cara demais", "o tempo está ruim" e "meu Deus do céu, isso é um cabelo branco?". Queixar-se de tudo não o ajudará a encontrar o sentido da vida, evidentemente, mas é frustrante quando você não pode falar sobre aquilo que o aborrece. A segunda é se concentrar no negativo. Esse é o primeiro passo para lidar com os problemas. Talvez haja pouca coisa que você possa fazer para melhorar o tempo na tarde de sábado, mas, se não puder falar sobre suas terríveis condições de trabalho — e só tiver permissão para se concentrar nas histórias de sucesso —, terminará frustrado e ressentido. A terceira é refletir sobre todas as coisas negativas que podem acontecer — e inevitavelmente *acontecerão* (até mesmo os psicólogos do pensamento positivo morrem em algum momento). Fazer isso levará a uma maior valorização da vida que você tem agora. Essa é uma das principais ideias da filosofia de vida estoica, e a principal razão pela qual os estoicos estavam interessados no negativo final: a morte. Não estou dizendo que eles romantizavam a morte ou achavam que ela devia ser celebrada. Para os estoicos, a morte era algo em que pensar, mas exclusivamente a serviço da vida.

A TIRANIA DA POSITIVIDADE

A premiada professora de psicologia norte-americana Barbara Held há muito critica o que chama de "tirania da positividade".[1] Ela acha que a positividade é particularmente disseminada nos Estados Unidos, mas se tornou uma espécie de psicologia de bolso universalmente aceita na maioria dos países ocidentais: todos devemos "pensar positivo", ser "engenhosos" e enxergar os problemas como "desafios" interessantes. Esse fenômeno chegou a um ponto no qual se espera que pessoas com doenças graves "aprendam com a doença" e, idealmente, emerjam mais fortes do outro lado.[2] Incontáveis livros de autoajuda e memórias de sofrimento, escritos por pessoas com doenças físicas e transtornos mentais, falam sobre quão felizes elas estão por terem atravessado uma crise, já que aprenderam tanto com ela. Acho que muitas pessoas que estiveram seriamente doentes ou enfrentaram algum outro tipo de crise existencial consideram irritante o fato de que se espera que elas vejam o lado bom das coisas. Poucas têm a coragem de dizer que a doença foi horrível do começo ao fim e que prefeririam não ter passado por isso. Um título comum poderia ser *Como sobrevivi ao estresse e o que ele me ensinou*, mas é pouco provável que encontremos um livro intitulado *Ainda estou estressado: é um pesadelo sem fim*. Não somente ficamos estressados ou doentes e finalmente morremos, como também devemos achar que tudo é muito inspirador e gratificante.

Se, como eu, você acha que as coisas saíram de controle, continue lendo para aprender a eliminar a tirania da positividade ao acentuar o negativo. Isso o deixará mais preparado para se manter firme onde está. Precisamos reconquistar o direito de achar que as coisas estão ruins — sem restrições. Felizmente, os psicólogos começaram a acordar para isso, entre eles, o psicólogo crítico Bruce Levine. Em sua lista de maneiras pelas quais os profissionais de saúde aumentam o sofrimento humano, o nº 1 é o mantra da psicologia positiva de que as vítimas devem mudar de atitude.[3] "Você precisa pensar de maneira mais positiva!" é uma das coisas mais ofensivas que se pode dizer às pessoas necessitadas. Incidentalmente, o nº 10 da lista é a "despolitização do sofrimento humano", que, de acordo com Levine, está relacionada à atribuição de todos os infortúnios que atingem as pessoas a suas inadequações pessoais (falta de motivação, visão pessimista etc.), em vez de a circunstâncias externas.

PSICOLOGIA POSITIVA
Como mencionado, Barbara Held é uma das maiores críticas da psicologia positiva, que se desenvolveu explosivamente como campo de pesquisa no fim da década de 1990. A psicologia positiva pode ser vista como reflexo científico da fascinação da cultura acelerada pela positividade. Ela decolou em 1988, quando Martin Seligman se tornou presidente da Associação Americana de Psicologia. Seligman construiu sua reputação sobre a teoria segundo a qual o desamparo

aprendido é um fator na depressão. Desamparo aprendido é um estado de apatia, ou ao menos de falta de vontade de modificar experiências dolorosas, mesmo em situações nas quais há maneiras de evitar a dor. Ele desenvolveu essa teoria com base em experimentos que envolviam dar choques elétricos em cachorros. Quando (compreensivelmente) se cansou de torturar os melhores amigos do homem, Seligman decidiu se concentrar em algo que celebrasse a vida e se lançou na psicologia positiva.

A psicologia positiva rejeita o foco nos problemas e sofrimentos humanos que eram o epítome de grande parte da psicologia padrão (Seligman às vezes a chama de "psicologia negativa"). Em vez disso, trata-se de um estudo científico do que é bom na vida e na natureza humana. Em particular, ela se pergunta o que é a felicidade e como pode ser conquistada, e busca identificar traços positivos na personalidade humana.[4] Como presidente da Associação Americana de Psicologia, Seligman usou o cargo para promover a psicologia positiva. E teve tanto sucesso que agora há programas de estudo, centros e jornais científicos dedicados ao tema. Poucos — se existe algum — conceitos da psicologia capturaram tão rápido a imaginação do público geral. É intrigante que a psicologia positiva tenha sido tão facilmente incorporada à cultura acelerada como instrumento para otimizar a vida e todos os tipos de desenvolvimento.

Claro que é perfeitamente legítimo pesquisar os fatores que aumentam o bem-estar, fornecem "experiências ótimas" e melhoram os níveis de desempenho. Mas, nas mãos de consultores e coaches — e de gestores entusiasmados que frequentaram breves cursos de "liderança positiva" —, a psicologia positiva rapidamente foi reduzida a uma ferramenta para calar as críticas. Alguns sociólogos chegam a falar de fascismo da positividade, que identificam tanto no pensamento positivo quanto na investigação apreciativa.[5] O conceito descreve o tipo de controle mental que pode surgir se você só olha para o lado bom das coisas.

Com evidências um pouco mais anedóticas, posso acrescentar que, sem sombra de dúvida, minhas experiências mais negativas na academia envolveram psicólogos positivos. Há alguns anos critiquei a psicologia positiva em uma revista feminina e em um jornal. A reação foi dramática.[6] Três psicólogos positivos, cujos nomes não mencionarei aqui, acusaram-me de "desonestidade científica" e fizeram uma queixa à direção da universidade em que leciono. Não existe acusação mais séria no mundo acadêmico. A essência da queixa era a de que eu apresentara a psicologia positiva como inequivocamente negativa e, de maneira deliberada, confundira as pesquisas sobre psicologia positiva com suas aplicações práticas. Felizmente, a universidade rejeitou a queixa, mas achei a reação dos psicólogos duplamente preocupante. Em vez de escreverem uma carta ao editor e levarem a discussão para um fórum aberto, eles escolheram difamar minha integridade acadêmica perante a direção da universidade. Mencionei essa história porque é irônico que psicólogos positivos estivessem tão relutantes em se engajar em uma discussão científica aberta. É evidente que há limites para a abertura e a abordagem apreciativa. (Apresso-me em acrescentar que, ainda bem, nem todos os representantes da psicologia positiva são assim.) De modo paradoxal, o incidente confirmou minha crítica à tirania da positividade, pois revelou que a negatividade e as críticas (especialmente as críticas dirigidas à própria psicologia positiva!) devem ser eliminadas, aparentemente por qualquer meio disponível.

O LÍDER POSITIVO, RECONHECIDO, APRECIATIVO

Se você já teve algum contato com a psicologia positiva — na escola ou no trabalho, ou se já foi convidado a falar sobre os sucessos como parte de uma avaliação de desempenho, mesmo que preferisse discutir um problema irritante —, pode ter sentido uma forma de desconforto que é difícil expressar em palavras. Quem não quer ser reconhecido como um indivíduo talentoso e cheio de habilidades e continuar a se desenvolver? Os gestores modernos gostam de elogiar e demonstrar apreço por suas equipes. As frases seguintes são exemplos daquelas usadas por eles para descrever as boas práticas quando convidam seus funcionários para avaliações de desempenho. A ideia é fazer a equipe entender os princípios por trás da avaliação.

> *A avaliação de desempenho é um fórum no qual falamos sobre oportunidades. Ao refletir sobre o que fazemos, quando fazemos algo bem, o que faz a colaboração no ambiente de trabalho funcionar da melhor maneira possível e aumenta a satisfação com o emprego, descobrimos os fatores que impulsionam o desenvolvimento e o que é necessário para alcançar nossos objetivos.*

O que quero é que a avaliação de desempenho identifique o que fazemos quando as coisas vão realmente bem. Quero convidá-lo a ampliar os sucessos de sua vida profissional.[7]

O gestor moderno não quer ser visto como autoridade rigorosa, dando ordens e decidindo tudo, mas como alguém que exerce um tipo totalmente diferente de *soft power* ao "convidar" os membros da equipe para conversar sobre seus "sucessos" a fim de "aumentar a satisfação com o emprego". Esqueça que ainda existe uma distinta assimetria de poder entre a gerência e a equipe e que alguns objetivos são claramente mais legítimos que outros. Por exemplo, em meu espaço de trabalho que, em geral, é excelente, recentemente fomos convidados a formular "visões" para seu desenvolvimento. Minha sugestão de que tentássemos ser uma instituição medíocre gerou pouco entusiasmo. Eu achei que esse era um objetivo realista para uma pequena universidade. Mas tudo tem de ser "de nível internacional" e "uma das cinco melhores" hoje em dia, e esse sucesso invariavelmente se situa no fim de uma estrada pavimentada com oportunidades e sucessos. Chamo isso de "positividade coerciva". Somente os melhores são bons o bastante, e conseguem isso simplesmente sonhando grande e pensando positivo.

CULPANDO A VÍTIMA

De acordo com os críticos da positividade coerciva, incluindo a já citada Barbara Held, um dos resultados do foco incontestado na positividade pode ser "culpar a vítima", ou seja, explicar a inadequação e o sofrimento humanos por meio da suposta ausência, no indivíduo, de uma atitude suficientemente otimista e positiva em relação à vida ou das "ilusões positivas" defendidas pelos psicólogos positivos (incluindo Seligman). As ilusões positivas consistem em um eu imaginário melhor que a realidade. Você pensa que é um pouquinho mais esperto, competente ou eficiente do que é na realidade. Pesquisas sugerem (embora os resultados não sejam absolutamente inequívocos) que pessoas que sofrem de depressão na verdade se veem de modo mais realista do que as que não sofrem. No entanto, o medo é que a abordagem positiva encoraje a exigência cultural de positividade e felicidade. Na cultura acelerada, paradoxalmente, isso causa sofrimento nas pessoas que se sentem culpadas por não se sentirem constantemente felizes e bem-sucedidas (lembre-se da máquina de paradoxos já discutida).

Outra crítica — relacionada à primeira — se refere à subestimação do contexto que caracteriza partes da abordagem positiva. Se a hipótese aqui é a de que a felicidade do indivíduo depende principalmente de fatores "internos", e não "externos" (como os vários fatores sociais associados ao status socioeconômico etc.), então é culpa sua se você não está feliz. Em seu best-seller *Felicidade autêntica*, Seligman conclui que somente entre 8% e 15% da variação da felicidade se deve a fatores externos, como viver em uma democracia ou em uma ditadura, ser rico ou ser pobre, saudável ou doente, habilidoso ou sem habilidades. De acordo com ele, a fonte mais importante da felicidade são as "circunstâncias internas", que estão sujeitas ao "autocontrole" (gerar sentimentos positivos, ser grato, perdoar, ser otimista e se basear nos pontos fortes que o caracterizam como indivíduo). A felicidade está em perceber nossas forças internas e em alimentar sentimentos positivos. Essa ênfase na importância do "interno", do que está sob o controle da força de vontade, contribui para a problemática ideologia que requer que o indivíduo acompanhe a evolução e se desenvolva o tempo todo — o que inclui o desenvolvimento da capacidade de pensar positivamente a fim de sobreviver numa cultura acelerada.

KVETCHING

Barbara Held defende uma alternativa à positividade coerciva: reclamar. Ela até escreveu um best-seller sobre como resmungar e se queixar. É uma espécie de livro de autoajuda para os rabugentos: *Stop Smiling, Start Kvetching* [Pare de sorrir, comece a se lamuriar, em tradução livre].[8] *Kvetching* é uma palavra iídiche que equivale a algo como "queixume". Posso não ser especialista em cultura judaica (minha fonte de conhecimento são os filmes de Woody Allen), mas tenho a impressão de que a aceitação generalizada das queixas sobre coisas pequenas e grandes é um canal cultural que gera felicidade e satisfação coletivas. O bom e velho lamento em público é uma coisa muito boa, pois dá às pessoas algo sobre o que conversar e incentiva uma sensação de comunidade.

A premissa básica da autorização para resmungar de Held é a de que a vida nunca é completamente boa. Algo está sempre um pouco ruim. Isso significa que sempre há algo do que reclamar. Quando os preços das casas caem, reclamamos da desvalorização de nossa propriedade. Quando sobem, reclamamos das pessoas que não param de falar da valorização de suas propriedades. A vida é difícil. Mas, de acordo com Held, esse não é o problema real. O problema real é que somos forçados a fingir que a vida não é difícil. Espera-se que você diga "Tudo bem" quando lhe perguntam como está. Mesmo que sua esposa esteja tendo um caso. Aumentar a habilidade de concentrar-se no negativo — e reclamar dele — oferece um mecanismo de superação que torna a vida ligeiramente mais suportável. Mas reclamar e discordar não servem apenas para lidar com algumas situações. A liberdade de se lamentar vem da habilidade de enfrentar a realidade e aceitá-la como ela é. Ela confere certa dignidade, em acentuado contraste com o indivíduo positivo ao extremo, o qual zelosamente insiste que não existe tempo ruim (somente roupas inapropriadas). Na verdade, Sr. Feliz, o tempo ruim é real, e, quando está ruim, é gostoso reclamar dele em um pub bem quentinho. Precisamos nos reservar o direito de resmungar, mesmo que isso não resulte em mudanças positivas. Mas, se *puder* levar a mudanças positivas, então, sem dúvida, resmungar é importante. Em geral, o *kvetching* é dirigido para o exterior. Nós reclamamos do tempo, dos políticos e dos times de futebol. Trata-se sempre de alguma outra coisa — não de nós mesmos! Em comparação, a atitude positiva é dirigida para dentro: se algo está errado, temos de trabalhar em nós mesmos e no que nos motiva. Tudo é nossa culpa. Pessoas desempregadas não podem reclamar do sistema de benefícios. Elas precisam se organizar, pensar positivamente e encontrar um emprego. É tudo uma questão de "acreditar em você" — mas esse é um conceito totalmente distorcido. Ele reduz importantes problemas sociais, políticos e econômicos a uma questão de motivação e positividade individuais.

TOCANDO A VIDA

Minha avó diz às pessoas para "tocarem a vida". Quando algo é difícil, ela não acha que devemos "lidar com isso". Seria pedir demais. Lidar com algo significa superar, remover ou acabar com o problema por completo. Mas muitas coisas não podem ser tratadas assim. As pessoas são vulneráveis e frágeis, ficam doentes e morrem. Não podemos simplesmente "lidar" com a morte nesse sentido da expressão. Mas podemos tocar a vida. Em outras palavras, aceitar os problemas, mas aprender a viver com eles. Isso também nos oferece a oportunidade de nos mantermos firmes. Se algo não pode ser mudado, você pode muito bem se manter firme em relação a isso. É melhor enfrentar a realidade do que "viver no paraíso dos tolos", como diria minha avó. "É melhor ser Sócrates insatisfeito que um tolo satisfeito", como disse o utilitarista britânico John Stuart Mill no século XIX. Nem tudo é possível. Nem tudo se transforma em felicidade positiva. No entanto, há outros aspectos da vida pelos quais vale a pena lutar, como dignidade e senso de realidade. A questão é que você deve ousar enfrentar a negatividade. Você pode ser capaz de promover algumas mudanças positivas, mas, em linhas gerais, os aspectos negativos da vida estão aqui para ficar. Aceite isso. Todavia, devemos ter permissão para reclamar e criticar. Se formos bitolados, positivos e otimistas o tempo todo, corremos o risco de o choque ser ainda maior quando as coisas derem errado. Concentrar-se no negativo o prepara para a adversidade futura. E queixar-se também aumenta sua consciência sobre as coisas boas em sua vida: "Meu dedo está doendo, mas o resto da perna não dói!"

O QUE POSSO FAZER?

Isso nos leva a um dos pontos mais importantes da filosofia estoica. Se você quer ser melhor em reconhecer os aspectos negativos da vida, recomendo a técnica estoica chamada visualização negativa. Até onde sei, o pensamento positivo sempre recomenda a visualização positiva. Você imagina algo bom acontecendo para que isso possa realmente acontecer. Os atletas usam essa técnica em seus treinamentos. Os treinadores os ajudam a visualizar seus objetivos a fim de conquistá-los. Um livro sobre aumentar a autoestima encoraja o leitor a se perder em devaneios positivos. Por exemplo, "aumente sua autoestima imaginando que está lidando com o problema de maneira admirável e fantasticamente recompensadora".[9] Como contrapeso a essas fantasias positivas, você poderia reclamar o tempo todo, mas isso logo exasperaria os que estivessem a sua volta, sobretudo se você não fizer isso com um brilho travesso nos olhos. A visualização negativa do estoicismo oferece uma maneira mais apropriada de praticar a negatividade.

Muitos estoicos trabalharam com a visualização negativa. Na carta de Sêneca a Márcia, que ainda estava incapacitada pelo luto três anos após a morte do filho, ele dizia que ela precisava entender que tudo na vida é somente "emprestado". A Fortuna pode tomar de volta o que quer que deseje, sem aviso. Perceber isso oferece ainda mais razão para amarmos o que temos, no curto período em que temos.[10] Em outra carta, Sêneca avisa que não devemos pensar na morte como algo que ocorrerá no futuro distante. Em princípio, a morte pode ocorrer a qualquer momento:

Lembremos, portanto, que nós e aqueles que amamos somos mortais. [...] Como eu não pensava dessa maneira, o destino me atacou de súbito e eu estava despreparado. Agora penso que tudo é mortal, e isso não segue nenhuma lei particular. Tudo que pode possivelmente acontecer em algum momento pode acontecer hoje.[11]

Epiteto recomenda — direta e muito especificamente — que pensemos sobre a mortalidade de nossos filhos sempre que os beijarmos à noite. Isso pode parecer exagerado, mas exige que consideremos a possibilidade de eles não acordarem na manhã seguinte.[12] Isso nos lembra de nossa própria e humana mortalidade, e pensar nisso fortalece nossos vínculos familiares e nos torna mais capazes de aceitar os erros de nossos filhos. A maioria dos pais conhece o desespero de um bebê chorando que se recusa a adormecer. Mas, se nos lembramos da mortalidade do bebê, esse desespero pode rapidamente se transformar em alegria pelo simples fato de o bebê estar vivo. Epiteto diria que é melhor ninar um filho chorando do que um filho sem vida. A visualização negativa nos ajuda a suportar o choro.

No fim das contas, precisamos considerar nossa mortalidade. *Memento mori*: lembre-se de que vai morrer. Pense a respeito disso todos os dias. Não de uma maneira que o paralise ou desespere, mas para ajudá-lo a se acostumar gradualmente com a ideia e apreciar mais a vida. Sócrates definiu filosofia como a "arte de aprender a morrer bem". Como já mencionado, a cultura contemporânea nos encoraja a focar o positivo. Todo mundo fala da "boa vida", mas não de aprender a morrer bem. Talvez devêssemos. Como escreveu o filósofo Montaigne, "aquele que aprendeu a morrer desaprendeu a servir".[13] O propósito de pensar na morte não é ficar fascinado por ela. A intenção é que, ao nos acostumarmos à ideia do negativo último, evitemos ser consumidos pelo medo da morte e, consequentemente, possamos viver melhor.

A visualização negativa possui dois aspectos, e eis dois exercícios a tentar:

- Pense sobre perder algo (ou alguém) que lhe é caro e perceba como isso aumenta o prazer que você sente com essa coisa ou esse alguém. Os psicólogos falam do conceito de "adaptação hedônica", ou seja, nós nos acostumamos rapidamente à boa vida. A visualização negativa pode se contrapor à adaptação hedônica e nos tornar mais gratos. Incidentalmente, a adaptação hedônica também é estudada pelos psicólogos positivos.
- Pense sobre o fato de que um dia você se libertará de toda a balbúrdia mortal: todo mundo envelhece, adoece e, um dia, morre. Se pensar sobre isso todos os dias, você apreciará mais a vida, mesmo em tempos de crise. A morte não é somente algo com o que temos de "lidar"; com alguma prática, você pode ser capaz de "tocar a vida".

Agora que você aprendeu a se concentrar no negativo em sua vida, podemos dar o próximo passo: aprender a dizer não. Está na hora de vestir o chapéu do Não!

3. VISTA O CHAPÉU DO NÃO

Dizer "Não quero fazer isso" mostra força e integridade. Só os robôs dizem sim o tempo todo. Por exemplo, se estiver em uma avaliação de desempenho e o gestor quiser que você faça um curso de "desenvolvimento pessoal", decline polidamente. Diga que você preferiria implementar um "dia do bolo" no trabalho. Pratique dizer não para ao menos cinco coisas todos os dias.

Se completou os primeiros dois passos deste livro, você já aprendeu a passar menos tempo fazendo exames de consciência e descobriu o valor de concentrar-se no negativo em sua vida. Isso não significa que jamais deva enfatizar o positivo ou se engajar na introspecção. É claro que não. Mas você deve rejeitar a disseminada e errônea noção de que "a resposta está dentro de você" e será encontrada "olhando para dentro". Há bons motivos para se manter firme e resistir à positividade coerciva que permeia a sociedade moderna e tenta convencê-lo de que a negatividade é indesejável e perigosa.

O Passo Três fala sobre como ser melhor em dizer não. Na última década, ouvimos muito sobre "vestir o chapéu do Sim", sobre gratidão, valorização e positividade. Bem, chegou a hora de tirar o pó do chapéu do Não e vesti-lo novamente. Ser capaz de dizer não significa que você é uma pessoa madura com certo grau de integridade. Aprender a dizer não é um passo extremamente importante no desenvolvimento de qualquer criança. Embora a maioria dos pais (inclusive eu mesmo) queira que os filhos sejam obedientes em certa extensão, o primeiro "não" representa um passo crucial em direção à maturidade e à independência. Como disse um psicólogo infantil, "a criança agora assume conscientemente o caráter de um indivíduo e é capaz de usar a linguagem para se distanciar dos pais. Esse ato de oposição é o primeiro passo no caminho da autonomia".[1]

A ideia de "assumir o caráter" é importante. Ao contrário de conceitos da psicologia popular como personalidade e competências (que você pode "trabalhar" e "desenvolver"), o conceito de caráter se refere a valores morais partilhados. O indivíduo que insiste em se manter firme e apoiar certos valores com base em seu mérito inerente — e, consequentemente, é capaz de dizer não quando esses valores são ameaçados — tem caráter. Neste livro, uso a palavra integridade quase como sinônimo. Integridade significa que você não se limita a seguir as últimas tendências. Vive de acordo com uma ideia específica que é mais importante para você do que todo o restante. Integridade significa tentar estabelecer uma identidade coerente que transcenda o tempo e os contextos — e defendê-la. O oposto da integridade é sempre usar o chapéu do Sim, sem jamais duvidar de que dizer sim é bom e de que tentar algo novo é sempre uma boa ideia. Esse tipo costumava ser conhecido como "maria vai com as outras". Se dizer "não" é crucial para a independência, o bom e velho maria vai com as outras, que nunca tira o chapéu do Sim, é a criatura mais dependente de todas. Se você só tem o chapéu do Sim, corre o risco de ser vítima de qualquer capricho, pessoal ou dos outros. Para usar um antigo termo sociopsicológico, você é "externamente controlado" se vive de acordo com o axioma de que é sempre bom dizer sim para o que quer que lhe ofereçam. A fim de remediar isso, um controle interno maior é necessário. Não estou defendendo uma filosofia de sentimentos viscerais. Eles também podem ser externamente controlados, porque, em uma sociedade em rede focada na comunicação, são afetados por várias influências (como publicidade). O verdadeiro controle interno — que neste livro é chamado de integridade — consiste em aderir a valores morais, entender a importância da obrigação e do dever e usar a razão para determinar o que é bom e certo em dada situação. Se tem integridade, você frequentemente precisa dizer não, porque grande parte da cultura acelerada merece ser recusada.

ENTÃO O QUE É O CHAPÉU DO SIM — E POR QUE AS PESSOAS O VESTEM?

O "chapéu do Sim" em geral é algo que achamos que as outras pessoas *deveriam* vestir, mas que elas podem estar com dificuldade para encontrar. No espaço de trabalho, você pode ser encorajado a usá-lo se parecer que não é suficientemente positivo e motivado. A premissa subjacente é a de que é bom dizer sim e ruim dizer não — o que é absurdo, evidentemente. Todos os dias, enfrentamos tentações e estímulos aos quais a resposta deve ser não — e, felizmente, quase sempre damos a resposta certa. Então por que o chapéu do Sim, e por que ele é justificado? Talvez possamos encontrar algo próximo de uma resposta olhando mais atentamente para a positiva "cultura do sim". Atualmente, incontáveis "palestrantes motivacionais" afirmam ajudar indivíduos e empresas a se desenvolverem dizendo sim. Um exemplo é Todd Henry, que, em seu website, sob o título "Aprendendo a dizer sim", escreve:

> Infelizmente, o "não" pode ser mais que somente uma palavra, pode ser um estilo de vida. Quando nossa postura padrão em relação a qualquer coisa desconhecida é recuar, estamos recusando o melhor que a vida tem a oferecer. [...] A criatividade sempre começa com um sim. Criar é primeiro dizer sim, e depois resolver os detalhes. É primeiro dizer sim ao risco, então aceitá-lo e depois superá-lo. Nem todas as criações são bem-sucedidas, mas todo ato de criação começa com um ato de coragem. Passei a tratar o próprio ato de dizer "sim" como um sucesso. Se repetir isso várias vezes seguidas, sei que, em algum momento, farei algo que vale a pena. Você está vivendo sua vida com uma postura de quem diz sim?[2]

Esse trecho está salpicado de palavras positivas como "criatividade" e "coragem", que o autor associa a dizer sim. O objetivo por trás de textos motivacionais como esse costuma ser que devemos buscar inspiração e motivação e sermos verdadeiros para com nós mesmos. Em outras palavras, devemos nos concentrar e trabalhar nosso interior — nesse contexto, primariamente ousando dizer sim. Fazemos isso ao estabelecermos objetivos e sermos criativos e corajosos. Você não deve fazer o que os outros esperam, mas o que deseja fazer. O paradoxo é que, nos últimos anos, espera-se que todos nós estabeleçamos objetivos, lutemos para ser bem-sucedidos e vivamos "como quisermos" — o tempo todo usando o chapéu do Sim. É considerado errado *não* querer fazer parte dessa rede de exigências interconectadas. Você pode usar o chapéu do Não com frequência excessiva — o que, definitivamente, é considerado errado (mesmo que você "queira" usá-lo).

Não é minha intenção afirmar que Todd Henry e outros chapeleiros do Sim estão errados. Aliás, eles descobriram algo importante. Mas torna-se um problema se o chapéu do Sim é considerado o único aceitável. Não é que o chapéu do Sim deva ser jogado fora, mas deveríamos ter vários chapéus. Deveríamos ter o chapéu do Não, o chapéu do Talvez, o da Dúvida e o da Hesitação. Primeiramente, seria ir contra a natureza humana — como você aprendeu no Passo Dois — proibir a negatividade e a crítica. Ninguém está à altura dessa expectativa. Nem deveria. Tentar ser assim é se expor ao estresse e à depressão. Como sabemos, as pessoas são diferentes: algumas são animadas, outras melancólicas. Embora a melancolia supostamente não esteja em sintonia com a obrigatoriedade social de positividade e com o constante incentivo à ação, não há nada de errado em uma ligeira tendência à melancolia (isso pode até mesmo ser benéfico, pois facilita o ato de manter-se firme). Em segundo lugar, sempre ter de dizer sim refletiria uma imagem bastante servil da humanidade. Exigir que as pessoas digam sim é degradante a partir do momento que se torna um dogma que as reduz a servos que podem ser ordenados a ir a qualquer lugar, em qualquer momento, sem criar raízes.

Mas por que o chapéu do Sim está tão mais na moda que o chapéu do Não? Acredito que por duas razões principais. A primeira se refere ao ritmo da cultura acelerada e à natureza inconstante do que ela tem a oferecer. Quando tudo parece líquido e móvel (seja isso verdade ou não), o chapéu do Sim é uma maneira de se tornar "bom o bastante". Ele emite o sinal de que você é suficientemente empreendedor para acompanhar o que está acontecendo ao seu redor. O filósofo Anders Fogh Jensen chamou nossa era de "sociedade dos projetos", na qual todas as atividades e práticas são concebidas como projetos, frequentemente transitórios, breves e recicláveis.[3] Ele descreve como nós, os indivíduos dessa sociedade, fazemos um *overbook* de compromissos e projetos na tentativa de usar toda a nossa capacidade — mais ou menos como fazem as empresas aéreas. Como nossos deveres se tornaram meros "projetos", eles são temporários, e nós os rejeitamos se algo mais interessante surge em nosso radar. Mesmo assim, a ideia predominante é a de que devemos dizer sim aos projetos. A habilidade de arrancar um entusiasmado "Sim!" é uma competência essencial na cultura acelerada, algo a se destacar em entrevistas de emprego. "Dizer sim aos novos desafios" é considerado inequivocamente bom, ao passo que um polido "não, obrigado" é interpretado como falta de coragem e indisposição para mudar.

A primeira razão para o chapéu do Sim ser muito mais popular que sua contraparte negativa é o medo social de não ser suficientemente empreendedor ou "antenado". A segunda razão é mais existencial: ela se origina do medo de ficar de fora (*fear of missing out*, às vezes abreviado como FOMO). Você veste o chapéu do Sim não somente para ser atraente e "empregável" aos olhos dos outros, mas também porque a vida é finita e se espera que você a "aproveite ao máximo". Precisamos ver e fazer o máximo possível no menor espaço de tempo ou, como dizia o anúncio da InterContinental citado na Introdução, "Você não pode ter um lugar favorito até ter visto todos". Se não vestirmos o chapéu do Sim e aproveitarmos todas as fascinantes oportunidades oferecidas, perderemos a empolgação, a aventura e a vida vivida ao máximo. Será? Como você provavelmente já concluiu, essa noção é diametralmente oposta aos ideais estoicos propostos neste livro. Os estoicos não veem nada de errado nas experiências positivas *per se*, mas não acham que buscá-las seja um fim em si mesmo. Na verdade, tal busca, disfarçada com o chapéu do Sim e as roupas da moda, pode impedi-lo de obter paz de espírito, a virtude que os estoicos mais prezam. A incapacidade de dizer não — porque, por exemplo, você tem medo de ficar de fora — irá tirar você do rumo. Será difícil recuar e aceitar suas circunstâncias atuais. Mas, na cultura acelerada, a paz de espírito já não é um estado desejável. É um problema. Pessoas com paz de espírito são precisamente as que têm os pés suficientemente no chão para recusarem obrigações e demandas pouco razoáveis.

Isso não é um ponto forte em uma era na qual o ideal é um indivíduo líquido, flexível e modificável.

A ÉTICA DA DÚVIDA NA SOCIEDADE DE RISCO

Os defensores do chapéu do Sim acusam aqueles que vestem o chapéu do Não de falta de coragem e excesso de rigidez e cautela. Mas pode-se igualmente afirmar que é a filosofia do chapéu do Sim que se agarra à certeza. Já argumentei que ele entrou na moda por causa do medo de não sermos capazes de acompanhar, de ficarmos de fora. Para eliminar esse medo (o que, evidentemente, é impossível), precisamos dizer sim. Falando de modo geral, os proponentes do chapéu do Sim acreditam saber o que é certo. É necessário, bom e certo dizer sim, pois isso leva à positividade, ao desenvolvimento etc. *Sabemos* que dizer sim é o caminho correto. A filosofia estoica afirma o oposto: *não* sabemos se é certo dizer sim, e isso torna a dúvida uma opção preferível. Se estamos em dúvida, a resposta costuma ser não, então você sempre deve ter o chapéu do Não à mão. Em outras palavras, "se não está quebrado, não conserte". Sabemos o que temos agora, mas não o que teremos no futuro.

Em certo sentido, o mundo contemporâneo enaltece a certeza como nunca antes. A certeza é boa, a dúvida é ruim. O paradoxo aqui é idolatrar a certeza enquanto se afirma que tudo precisa mudar e se desenvolver de forma constante. Talvez idolatremos a certeza precisamente por sua ausência no mundo moderno e frenético? Inventamos maneiras de nos livrarmos da dúvida e de adquirir certeza em todos os contextos. Isso inclui tudo, das decisões políticas (cada vez mais tomadas com base em cálculos econômicos, e não em ideias políticas) à vida cotidiana (na qual as pessoas se protegem contra cada vez mais contratempos e armadilhas) e às profissões (que têm de ser baseadas em evidências: queremos *saber* se as práticas de determinado professor produzem o desejado "resultado de aprendizado"). Simultaneamente, várias regras éticas são criadas para reduzir a dúvida e garantir que você está agindo corretamente. A dúvida é considerada hesitação, fraqueza ou desinformação. Aquele que duvida estagnou, e tudo o que precisa fazer é conseguir um chapéu do Sim.

A dúvida e a incerteza caíram em desgraça, provavelmente porque vivemos no que os sociólogos chamam de sociedade de risco, na qual um dos subprodutos do desenvolvimento, especialmente tecnológico, é a geração constante de novos riscos. Crises ambientais, climáticas e financeiras são subprodutos dessa era. Um resultado é o enaltecimento da "ética da certeza", de acordo com a qual é importante possuir certo conhecimento. Não importando qual seja a questão — economia, saúde, educação, psicologia etc. —, a ciência é convocada para estabelecer a certeza. Na sociedade de risco, você tem de estar absolutamente certo para ser ouvido. Precisa fazer afirmações confiantes: "As pesquisas mostram que a deficiência de serotonina no cérebro é a causa da depressão"; "Sabemos que as crianças aprendem de quatro maneiras diferentes"; "Finalmente temos um sistema de diagnóstico para lidar com transtornos mentais".

A dúvida é necessária como antídoto para tudo isso. Em essência, a certeza é necessariamente dogmática, ao passo que a dúvida tem um importante valor ético. Como sei disso? Bem, o "eu sei" da certeza leva facilmente à falta de conhecimento, especialmente quando sabemos que é melhor dizer sim. A dúvida, em contrapartida, leva à abertura, a outras maneiras de agir e a novos entendimentos do mundo. Se eu *sei*, não preciso ouvir. Mas, se estou em dúvida, as perspectivas das outras pessoas adquirem maior significado. O problema com a dúvida é que, na cultura acelerada, ela é lenta e se apega ao passado. Ela não se presta a decisões rápidas baseadas em sentimentos viscerais e positividade.

Do ensino fundamental à universidade, aprendemos a "saber". Mas também precisamos aprender a duvidar. A hesitar. A reconsiderar. O livro *How to Stop Living and Start Worrying* [Como parar de viver e começar a se preocupar, em tradução livre], que consiste em entrevistas com o filósofo Simon Critchley, vira a filosofia da autoajuda de ponta-cabeça. Normalmente nos dizem para "parar de se preocupar, começar a viver e dizer sim!". Mas, para Critchley, a dúvida, a preocupação e a hesitação são virtudes. Se tudo o que fazemos é dizer sim, ignoramos as crises derivadas da filosofia do Sim (*Just Do It!*), ou seja, a constante aceleração da vida e da sociedade. Se não reconhecemos essas crises, diz Critchley, "os seres humanos começam a afundar até o nível do gado feliz, uma espécie de contentamento bovino que é sistematicamente confundido com felicidade (embora isso talvez seja meio injusto com as vacas)".[4] Como diz Critchley provocativamente, sob o chapéu do Sim há uma vaca sorridente.

A ética da dúvida — a ideia de que você deve duvidar mais e usar o chapéu do Não com mais frequência — também inclui o compromisso de duvidar persistentemente de quem você é. Psicólogos, terapeutas, coaches e astrólogos competem para nos dizer com certeza quem realmente somos. Mas talvez essa seja uma área na qual possamos nos beneficiar de um pouco mais de dúvida. O velho e sábio criminologista e sociólogo norueguês Nils Christie colocou as coisas da seguinte maneira:

> Talvez devêssemos tentar estabelecer sistemas sociais com um máximo de dúvida sobre quem somos — e sobre quem são os outros. Recriarmos a nós mesmos e aos outros como mistérios. Se os psiquiatras desempenhassem um papel, seria o de comunicar a complexidade de seus pacientes. Eles escreveriam breves histórias sobre as pessoas que conhecessem. Dessa maneira, talvez advogados e outros pudessem entendê-las e a suas ações um pouquinho melhor.[5]

No Passo Seis, retornaremos ao papel da literatura, a saber, como contos e romances ajudam a revelar as complexidades da existência de uma forma acentuadamente diferente dos livros de autoajuda e biografias.

Até aqui, você aprendeu o seguinte: se estiver em dúvida, a resposta costuma ser não. Se não estiver em dúvida, tente refletir se deveria estar. Como antes, o objetivo não é sempre dizer não ou sempre estar em dúvida, mas entender que o estado de dúvida é inteiramente legítimo. E mais do que isso: o uso mais regular do chapéu do Não teria como resultado a independência e o compromisso com o que é essencial na vida. Se sempre disser sim, você se afastará do que quer que esteja fazendo sempre que alguém gritar "Ei, você, venha aqui!".

A esta altura, você provavelmente está se perguntando se não estamos nos enrolando em contradições em nossa tentativa de desenvolver uma alternativa à celebração do indivíduo desenraizado feita pela cultura acelerada. Como você pode se manter firme se também deve ter dúvidas? *Em relação ao que* pode se manter firme se a dúvida é elevada ao status de virtude? A resposta fácil é: mantenha-se firme sobre a própria dúvida, ou seja, afirme seu direito de hesitar e reconsiderar. Isso pode soar trivial, mas, em minha opinião, é bastante profundo e tem grande valor ético. Praticamente todos os ultrajes políticos **são** cometidos por homens poderosos e confiantes de saberem a verdade. "*Sabemos* que eles têm armas de destruição em massa!"; "*Sabemos* que os judeus são inferiores!"; "*Sabemos* que a ditadura do proletariado é uma necessidade!". Quando se trata de questões importantes na política, na ética e na arte de viver, é humano hesitar e ter dúvidas. *Isso* é algo pelo que vale a pena se manter firme em uma sociedade de risco, na qual as respostas — e, às vezes, até mesmo as perguntas — são desconhecidas. Outra resposta é que talvez *seja* possível se manter firme sobre algo em relação a que também se tem dúvidas. O filósofo Richard Rorty propôs viver dessa maneira como ideal existencial.[6] Ele descreveu esse ideal como uma espécie de ironia existencial: você reconhece que sua visão de mundo é uma entre muitas e que, em algum momento, você ficará sem justificativas para ela. Mas isso não significa que deva simplesmente adotar outra visão. O ideal é se manter firme em relação a sua visão de mundo e aceitar que outras pessoas têm visões diferentes. O nome disso é tolerância.

Em seu famoso livro sobre a condição humana, a filósofa alemã Hannah Arendt expressou a ética da dúvida da seguinte maneira: "mesmo que não haja verdade, o homem pode ser verdadeiro, e, mesmo que não haja certeza confiável, o homem pode ser de confiança".[7] Arendt não era estoica, mas aqui, da maneira mais bela, ela expressou um dos dogmas da filosofia estoica, e um dogma que é particularmente relevante na cultura acelerada do século XXI: pode não haver verdade absoluta, mas é exatamente por isso que cabe a nós criar essa verdade em nossa vida. Não existe certeza em um mundo que muda muito rápido, mas é exatamente por isso que temos de ser confiáveis, a fim de criarmos ilhas de ordem e coerência em um mundo descontrolado. Criar tais ilhas requer que você seja capaz de dizer não. Nesse sentido, dizer "não" é um pré-requisito para ser capaz de se manter firme.

O QUE POSSO FAZER?
O ideal era que os locais de trabalho tivessem cabideiros com um número igual de chapéus do Não e do Sim. Com isso, quero dizer que deveria ser tão legítimo indicar por que algo *não vai* funcionar quanto aquiescer obedientemente. Iniciativas costumam ser conduzidas em nome do progresso, com frequência levando a um considerável desperdício de tempo e esforço. Quando você afinal aprende a lidar com os novos sistemas e rotinas, surge uma reestruturação (de novo!). Para permitir que a poeira assentasse, deveria ser uma prática organizacional padrão rejeitar certo número de iniciativas todos os meses. Os gestores não deveriam somente ficar empolgados e apresentar "novas visões" a serem aceitas

pela equipe. Eles também deveriam perguntar sobre as coisas desnecessárias que podem ser cortadas. O objetivo aqui não é somente praticar a gestão enxuta invocando o santo nome da eficiência, mas se concentrar na essência do trabalho que as pessoas fazem, a fim de que pesquisadores tenham tempo para pesquisar, cirurgiões sejam capazes de operar, professores tenham a chance de ensinar e profissionais de assistência médica e social estejam em posição de ajudar as pessoas (em vez de perder tempo com *inputs* de dados e avaliações).

Se o chapéu do Não nunca foi introduzido em seu local de trabalho (ou se você não tem um trabalho), comece a praticar sozinho a difícil arte de dizer não. No início você pode se deixar levar e simplesmente responder "Não!" a qualquer pedido. Evidentemente, essa não é a ideia. Só diga não se tiver uma boa razão. Talvez a sugestão seja ofensiva, humilhante ou degradante — ou talvez você reconheça que precisa parar de sobrecarregar sua vida com "projetos". Talvez esteja até mesmo começando a perceber que outras pessoas (filhos, amigos, colegas) não são "projetos", mas seres humanos com quem você tem compromissos. Como já mencionado, não podem ser somente os sentimentos viscerais a determinar para o que você deve dizer não. Então, no que você deve basear sua decisão?

Os estoicos recomendam apelar para sua própria razão. Há coisas às quais faz sentido dizer não. Faz sentido dizer não a novos projetos, por mais empolgantes que possam ser, até que você tenha cumprido todos os seus compromissos anteriores. Pode ser difícil, porque você não quer ficar de fora. No preâmbulo deste capítulo, recomendei que você recusasse ao menos cinco coisas todos os dias. Isso pode ser meio abrupto, especialmente se você usou o chapéu do Sim por muito tempo. Então tente dizer não a algo que sempre achou tolo ou desnecessário, e mesmo assim continuou a fazer. Por exemplo, muitos locais de trabalho insistem em reuniões que parecem intermináveis e que muitos de nós tememos, por boas razões. Tente dizer não a uma reunião e explique que não quer interromper seu trabalho. Diga não com um sorriso. O objetivo do estoico não é ser um pessimista rabugento (no máximo, isso é um meio para um fim), e sim ter mais paz de espírito na cultura acelerada. Se dizer não regularmente for demais, tente usar a dúvida e a hesitação para assegurar que a reflexão e a reconsideração sejam incorporadas a sua prática diária. Em vez de imediatamente dizer sim, tente dizer "Vou pensar a respeito".

4. REPRIMA SEUS SENTIMENTOS

Se você for sempre animado e positivo, as pessoas podem achar que seu entusiasmo constante é meio falso. E, se não conseguir controlar a raiva, elas o tratarão como uma criança malcriada. Os adultos devem preferir a dignidade à autenticidade. Então, pratique o controle sobre suas emoções. Por exemplo, uma vez ao dia, tente pensar em alguém que o tenha insultado ou ofendido — e dirija a essa pessoa um grande e radiante sorriso.

Os primeiros três passos deste livro o ensinaram a passar menos tempo explorando o que há dentro de você, a se concentrar mais no negativo em sua vida e a vestir o chapéu do Não com mais frequência. Se parasse aí, você poderia se transformar em um rabugento irritado e irascível, talvez até mesmo o tipo agressivo que fica furioso no trânsito ou sempre fala mal dos colegas. É importante que você continue lendo, porque precisa aprender a dominar suas emoções — sobretudo as negativas — e, às vezes, suprimi-las por completo.

É importante esclarecer o que quero dizer com "emoções negativas" nesse contexto. O fato de emoções como culpa, vergonha e raiva serem consideradas negativas não significa que sejam más ou que devam ser eliminadas por completo. Afinal, são traços eminentemente humanos. Significa apenas que elas constituem respostas a acontecimentos negativos em nossa vida. Quando algo negativo acontece, é bom e desejável que nossas emoções sejam capazes de responder a isso e nos informar. Contrariamente ao que você possa ouvir, é vital que os seres humanos sejam capazes de sentir culpa e vergonha. Se somos incapazes de sentir culpa, não conseguimos nos ver como agentes morais com responsabilidade por nossas ações, especialmente as más. A culpa nos diz que fizemos algo errado. Mesmo que a emoção seja negativa, ela é absolutamente indispensável para vivermos nossa vida plenamente. O mesmo vale para a vergonha. Se não somos capazes de nos sentirmos envergonhados, não temos como saber de que maneira o mundo a nossa volta se sente a respeito do que dizemos ou fazemos. A vergonha é um sinal de que você está agindo de maneira considerada inaceitável por sua própria comunidade. Pode-se até mesmo dizer que seria difícil você se tornar um ser maduro e pensante — com o caráter e a integridade mencionados no capítulo anterior — se não sentisse vergonha. Em termos de desenvolvimento psicológico, isso está descrito no Gênesis, a história cristã da criação: Adão e Eva eram basicamente animais, essencialmente macacos nus, desprovidos de preceitos morais. Ao comerem da árvore do conhecimento, eles aprenderam sobre o bem e o mal e começaram a sentir vergonha de sua nudez. Deus lhes deu roupas e os forçou a sair do estado paradisíaco — mas basicamente animal. A partir desse momento, eles se tornaram pessoas. A humanidade está inextricavelmente ligada à moralidade, que é introduzida por meio da vergonha. Se os mitos refletem qualquer tipo de verdade psicológica, é a de que o ser humano está estreitamente associado à habilidade de sentir vergonha. É por meio dela que nos vemos como os outros nos veem e avaliamos quem realmente somos. Se não tivéssemos vergonha, não seríamos seres humanos com a habilidade consciente de pensarmos por nós mesmos. Em outras palavras, não possuiríamos a habilidade de nos identificarmos com nós mesmos, o que é um pré-requisito para viver uma vida baseada na razão.[1]

Como as emoções negativas são importantes, é preocupante quando os pais tentam constantemente proteger os filhos do sentimento de culpa e vergonha. Essas são as emoções que conduzem a criança ao universo moral, no qual, com sorte, ela evoluirá pouco a pouco até se transformar em ator responsável. Quando eu era jovem, as pessoas diziam às crianças: "Você deveria ter vergonha!" Essa frase raramente é ouvida hoje em dia — e isso talvez seja ruim. No fim das contas, precisamos reconhecer a importância dos sentimentos negativos. O mesmo vale para as emoções positivas, evidentemente, como alegria, orgulho e gratidão. Mas devemos ter cuidado para não colocar fé absoluta nas emoções, como é a tendência atual em alguns círculos. Os chamados futuristas falam da "sociedade emocional", ao passo que os psicólogos enaltecem a "inteligência emocional". Disseminou-se a noção de que, para ser *autêntico* (o que muitos veem como ideal), você deve expressar suas emoções conforme as sente, independentemente de serem positivas ou negativas. Se está feliz, cante e dance. Se está furioso, pelo amor de Deus, não se reprima. Isso seria inautêntico. O Passo Quatro o ensinará a entender o lado problemático desse culto à autenticidade emocional e a responder reprimindo seus sentimentos. Isso provavelmente ocorrerá à custa da autenticidade — mas, de qualquer forma, há muitas razões para ser cético em relação a esse conceito. Em vez de tentar ser autêntico a qualquer custo, o adulto racional deve se esforçar para manter um pouco de dignidade, o que presume a habilidade de controlar as emoções.

A CULTURA EMOCIONAL

A cultura acelerada também é a cultura emocional. O sociólogo Zygmunt Bauman — que, como já mencionado, introduziu o conceito de "modernidade líquida" para caracterizar nossa era — mapeou a evolução de uma cultura baseada na proibição para uma cultura baseada em comandos.[2] Essa tendência inclui uma mudança de visão em relação tanto às emoções quanto à moralidade. Em uma cultura baseada na proibição, a moralidade consiste em um conjunto de regras que determinam aquilo que você não pode pensar ou fazer. Por exemplo, a psicanálise de Freud era claro reflexo de uma cultura baseada na proibição: a sociedade exigia que sentimentos proibidos fossem reprimidos, ou seja, os impulsos sexuais, e os sublimasse em obediência às normas estabelecidas. Se fosse incapaz de fazer isso, você desenvolvia neuroses, um tipo de reação psicopatológica a seu excesso de impulsos e emoções. Atualmente, no entanto, as neuroses já não são o problema psicopatológico principal. O conceito de neurose nem sequer consta nos sistemas de diagnóstico mais recentes. *Grosso modo*, a neurose era algo que afligia as pessoas em uma sociedade que exigia que elas se enraizassem, que fossem estáveis e ajustadas. Se falhassem em atingir esse objetivo, a neurose estava à espera, como um casaco pronto para ser vestido. Desde então, a mobilidade substituiu a estabilidade, e a moral é baseada não na proibição (você não deve!), mas no comando (você deve!). Previamente, as emoções deviam ser reprimidas, mas agora devem ser expressas.

A cultura acelerada não se importa com o fato de as pessoas serem emotivas, empreendedoras e gananciosas. O problema já não é o excesso de emoções, mas a falta. Uma vez ouvi uma terapeuta sexual dizer que as pessoas costumavam ir até sua clínica para falar sobre o excesso de libido, mas agora é mais provável que falem de escassez. O problema hoje não são as pessoas (abertamente) flexíveis, mas as pessoas (abertamente) estáveis: elas não possuem motivação suficiente, impulso e desejo para acompanhar as sempre presentes demandas por flexibilidade, adaptabilidade e autodesenvolvimento. A categoria de transtorno mental que denota falta de energia e vazio emocional já não é a neurose, mas a depressão. Atualmente, os problemas não derivam de emoções e desejos, ou seja, de querer demais. Em vez disso, houve uma mudança na maneira como "demais" é quantificado. E isso continua a mudar em uma sociedade que enaltece o desenvolvimento e a mudança como virtudes acima de todas as outras. Na cultura acelerada, não há querer demais. Os vencedores são os que querem mais. Uma maneira de descrever a questão pode ser chamá-la de "problema de energia": nunca faço o suficiente! Não tenho motivação, emoção e paixão suficientes! Veja o número de áreas nas quais o conceito de "paixão" se infiltrou. Um coach típico perguntará a seus clientes se eles levam uma vida suficientemente apaixonada. Ao decodificar as palavras do coach, chegamos a um retrato preciso da atual cultura de comandos:

> *Você tem de ser apaixonado, tem de fazer o que ama, trabalhar deve ser divertido, você precisa fazer a diferença — essas são algumas das convicções que florescem no mundo e na indústria em que agora estou. E tenho muita sorte por isso.*[3]

Na cultura acelerada, palavras como "paixão", "amor" e "diversão" estão cada vez mais associadas à vida profissional. Isso levou a socióloga Eva Illouz a descrever a era moderna como era do "capitalismo emocional", na qual economia e emoções estão entremeadas.[4] O capitalismo emocional é uma cultura de emoções, na qual os sentimentos são parte significativa das transações entre os indivíduos. São nossas competências emocionais que nos tornam atraentes para o mercado (tanto no trabalho quanto no amor). O conceito de "trabalho emocional" foi extensamente descrito na literatura sociológica. Há muito ele é particularmente característico do setor de serviços, como comissárias de bordo que sorriem e estão sempre animadas a fim de melhorar o astral de passageiros estressados e talvez nervosos. Mesmo quando são insultadas, respondem de maneira positiva e acolhedora, o que pode ser bastante difícil para elas. Algumas empresas aéreas até mesmo as enviam para cursos de atuação, a fim de que saibam como convocar emoções positivas.[5] Esses cursos correspondem à preferência de certos atores pela "atuação metódica", na qual não somente *interpretam* certas emoções, mas realmente *as sentem*. A palavra-chave é autenticidade. Queremos comissários de bordo que de fato *estejam* felizes, não simplesmente finjam estar.

Esse tipo de trabalho emocional se disseminou da indústria de serviços para praticamente todos os outros setores. Em organizações com estruturas achatadas de gestão e muito trabalho em equipe, é crucial que você seja positivo, cooperativo e flexível em seus relacionamentos. Consequentemente, as competências essenciais são pessoais, sociais e emocionais. O mesmo se aplica ao gestor moderno, que tem de ser igualmente apaixonado. Em essência, a vida emocional foi comercializada ou transformada em commodity: compramos e vendemos emoções no mercado de trabalho. Se não temos competências emocionais (ou *inteligência* emocional, para usar o jargão psicológico), podemos ser matriculados em um curso de desenvolvimento pessoal a fim de nos conectarmos melhor a nós mesmos.

Como você já deve saber a esta altura, introversão demais é considerada ruim — ela é parte do problema e não da solução (para usar o profundamente falso jargão do autodesenvolvimento). Em vez de fazer um curso de autodesenvolvimento, você deveria se interessar pelas origens da cultura emocional. Em sua famosa análise do fim da década de 1970, o historiador Richard Sennett escreveu sobre "o declínio do homem público".[6] O homem público vivia na velha cultura de proibição, na qual suas idas e vindas na esfera pública eram reguladas por rituais estabelecidos. Ele usava máscaras, em vez de agir com autenticidade e exibir seus sentimentos na frente dos outros. Sennett descreve como essa polida forma de convenção social gradualmente desapareceu quando o ideal de autenticidade ganhou terreno, em particular na época dos movimentos contraculturais da década de 1960. As pessoas começaram a suspeitar dos rituais estabelecidos (como apertar mãos), que interpretavam como supressores do contato espontâneo, criativo e íntimo. De acordo com Sennett, elas não poderiam estar mais erradas. Ele argumenta que as sociedades precisam de rituais, como condição para que as pessoas passem tempo juntas de maneira civilizada. Não há nada inautêntico em moldar seu comportamento em público de acordo com certas convenções sociais ritualizadas. Para Sennett, sofremos (literalmente) da falsa ideia de que impessoal e ritualizado significam moralmente errado. Ele chega ao ponto de dizer que a era moderna produziu desdém pelos rituais, e que isso nos torna culturalmente mais "primitivos" que os primeiros povos de caçadores-coletores.

A busca pelo autêntico e emocional na sociedade moderna gerou o que Sennett chamou de "tirania" da intimidade, na qual o ideal das relações humanas passou a ser o encontro autêntico e baseado em emoções (na vida privada, na educação e no trabalho). Todavia, esse ideal faz as pessoas machucarem constantemente umas às outras. Teria sido precisamente a falta de convenções sociais ritualizadas que levou à aparente epidemia de bullying em escolas e locais de trabalho? Perdemos nosso senso de "civilidade" ou polidez, que Sennett define como convenções sociais que protegem as pessoas umas das outras, mas ainda assim permitem que aproveitem a companhia mútua. Usar uma máscara é a essência da civilidade, escreveu Sennett em *O declínio do homem público*. No entanto, isso é visto como inautêntico e moralmente inadequado, ao passo que o oposto é verdadeiro (como disse Slavoj Žižek, citado anteriormente neste livro). Ou ao menos é o que parece em escolas, empresas, gabinetes públicos etc. Nesses contextos, uma máscara ritualizada e polida pode muito bem ser a condição da coexistência razoável. A crescente cultura emocional e a terapização de várias arenas sociais são, dessa perspectiva, profundamente problemáticas, pois somos cada vez mais convidados a fazer nosso comportamento externo corresponder ao que sentimos internamente. De modo geral, é problemático — como aprendemos no Passo Um — basear nossas escolhas em sentimentos. Talvez devêssemos aprender com Leonard Cohen, que canta, em "That Don't Make It Junk": *I know that I'm forgiven, but I don't know how I know. I don't trust my inner feelings, you know feelings come and go* [Sei que fui perdoado, mas não sei como sei. Não confio no que sinto. Sentimentos vêm e vão, em tradução livre].

AS CONSEQUÊNCIAS DA CULTURA EMOCIONAL

Como diz Cohen, não há nada nos sentimentos que signifique que devemos confiar neles — que dirá expressá-los.

Em uma situação cultural em constante mudança, nossas emoções provavelmente também mudam mais rápido do que nunca. Um dia estamos passionalmente preocupados com obras beneficentes; no dia seguinte, investimos nossas emoções na última série da televisão norte-americana. Ao menos é assim que eu sou — embora tente evitar a introversão em excesso. Como regra, nossos sentimentos não constituem um alicerce sobre o qual possamos nos manter firmes. Ao contrário, eles mudam em resposta às circunstâncias e tendências prevalentes. É uma ilusão acreditar que mergulhar nos sentimentos é o caminho para a autenticidade. Não há nada desejável em explodir de raiva com um motorista dirigindo muito lentamente na pista rápida, mesmo que isso seja autêntico, mesmo que você *realmente* esteja furioso com ele.

Em resumo, a idolatria da autenticidade na busca pelos sentimentos verdadeiros nos infantiliza. A criança que está totalmente envolta em seus sentimentos — que sorri quando está feliz e chora quando está frustrada — é implicitamente apresentada como ideal. Uma criança assim pode ser doce e encantadora, mas esse culto ao autêntico e ao infantil é altamente problemático na vida adulta. Como adulto, você deveria admirar aqueles que são capazes de controlar — e mesmo reprimir — suas emoções negativas. E também deve ter cuidado para não vomitar casualmente suas emoções positivas. Quando repetida em demasia, a frase "Uau, isso é megafantástico!" perde rapidamente o sentido. No que toca a mim, paro de escutar as pessoas que foram treinadas em comunicação apreciativa e proferem elogios o tempo todo. Deixe suas emoções em modo de espera até que realmente precise delas. Se você "odeia" patê, não há mais palavras para descrever o que pensa dos tiranos. E, se "ama" patê, que palavras usa para descrever o que sente por seus filhos? O ideal estoico de autocontrole pode ajudá-lo a colocar as coisas em perspectiva.

Muitos alegarão que é errado reprimir sentimentos. A consequência de fazer isso — em especial de reprimir emoções negativas — é que terminamos enterrando nossas emoções profundamente dentro de nós, onde elas se deterioram e nos fazem adoecer. Temos de expressar nossos sentimentos pelo bem de nossa saúde! Será mesmo? As pesquisas são ambíguas. Reprimir e inibir emoções há muito é associado a todo tipo de doença, de baixa autoestima a câncer. Mas as descobertas apontam em muitas direções. Por exemplo, alguns estudos mostram que pessoas que tendem a reprimir sentimentos como a raiva correm maior risco de ficar doentes e até mesmo ter câncer — se forem mulheres. Para os homens, o oposto parece ser verdadeiro. Homens têm maior risco de desenvolver câncer se derem rédeas soltas à raiva.[7] Ou, para colocar em termos positivos: a habilidade de suprimir a raiva reduz o risco de morrer de câncer — se você for homem. No entanto, não acho que você deva confiar muito em descobertas como essa, pois as evidências com frequência estão abertas à interpretação e, consequentemente, são uma base insuficiente para uma filosofia de vida. Em sua crítica à terapização contemporânea da vida, a psiquiatra Sally Satel e a filósofa Christina Hoff Sommers resumiram as pesquisas sugerindo que a moderação emocional — e mesmo a repressão dos sentimentos — pode ser saudável e propícia a uma boa vida. Elas concluíram que, para a maioria das pessoas, a abertura emocional descontrolada não ajuda a obter boa saúde mental e que, em vez disso, seria benéfico controlar as emoções — mesmo após a tragédia e a perda.[8]

Outra objeção é que reprimir emoções pode prejudicar a autoestima, porque você aprende que suas emoções podem ser erradas. A resposta óbvia aqui é que *é claro* que as emoções podem ser erradas. Se reajo com um acesso de raiva porque meu filho pequeno derrubou leite na mesa, minhas emoções são erradas! Se trapaceio no golfe, e mesmo assim fico cheio de orgulho ao vencer o torneio, minhas emoções são distorcidas! Eu poderia citar muitos outros exemplos. É importante reconhecer que os sentimentos nem sempre são legítimos e devem ser controlados e reprimidos. Isso talvez seja especialmente verdadeiro no caso de emoções negativas como inveja, raiva e desdém — mas também outras. Além disso, vale a pena lembrar que toda a discussão sobre autoestima frequentemente é construída sobre mitos. Em nossa cultura emocional, com frequência ouvimos que é bom ter a autoestima alta e que a baixa autoestima é culpada por toda sorte de males. Na verdade, muitas evidências sugerem que os maiores problemas sociais vêm não da baixa autoestima, mas da alta, que está estatisticamente associada à psicopatia e à imoralidade.[9] Nos últimos anos, vários estudos mostraram que a autoestima alta não é exatamente o "santo graal" buscado por aqueles que trabalham com educação e desenvolvimento na área de recursos humanos.

Em resumo, não há razão para ter medo de que suprimir emoções negativas prejudique sua autoestima (ou a de seus filhos). Você até mesmo evitará traços indesejáveis se aprender a reprimir emoções negativas como a raiva. Frequentemente as pessoas tendem a sentir mais raiva quando aprendem a manifestá-la. Como adulto, você deve dominar a arte da distração emocional, ou seja, distrair a si mesmo de sua própria raiva, inveja etc., a fim de reduzir — e até mesmo suprimir — as emoções negativas. Estudos psicológicos também sugerem que, se você deixar de lado suas emoções negativas, terá menor probabilidade de se lembrar dos episódios desagradáveis associados a elas.[10] Você se lembra de experiências desagradáveis — por exemplo, que alguém o ofendeu mortalmente — não somente porque foram desagradáveis, mas porque você reagiu de maneira intensa a elas. De acordo com a mentalidade estoica, reprimir a raiva levará a maior paz de espírito e a menos memórias ruins capazes de nos desequilibrar.

Mas isso não implica uma contradição? Reprimir emoções negativas não contradiz o ato de concentrar-se no negativo, cuja importância foi enfatizada no Passo Dois? A resposta é sim e não. Estamos falando de conselhos diferentes para contextos diferentes. Às vezes é bom se queixar das coisas negativas e às vezes é bom reprimir a raiva que sentimos por causa delas. Não é preciso dizer que nenhuma dessas respostas está sempre e inequivocamente correta. Ao contrário dos livros comuns de autoajuda, que tendem a recomendar uma solução específica (como pensamento positivo), a mensagem deste livro é que a realidade é complexa e nunca há respostas simples. Jamais se esqueça de quão importante é a dúvida! E lembre-se de que estar com raiva não é o mesmo que se concentrar no negativo. O objetivo do estoico é precisamente a habilidade de se concentrar no negativo *sem* sentir raiva — e aceitá-lo como aspecto da vida ou tentar causar uma mudança positiva, se houver algo que se possa fazer a respeito na prática.

O QUE POSSO FAZER?

Então, como você pode aprender a reprimir seus sentimentos com mais sucesso? Tome a raiva como exemplo. Ela foi cuidadosamente estudada pelos pensadores estoicos, em especial Sêneca.[11] A ideia básica é que a raiva é uma emoção essencial para os seres humanos. Somente adultos podem ficar com raiva — crianças e pequenos animais podem se sentir agressivos ou frustrados, mas raramente falamos de um "bebê com raiva" ou um "gato com raiva". A razão disso é que a raiva requer uma autoconsciência reflexiva que só se desenvolve na vida adulta, depois que adquirimos o senso de vergonha. Sêneca define a raiva como um impulso de vingança. Embora esse impulso seja muito humano, ele enfatiza que a vida é curta demais para que a desperdicemos com a raiva. Podemos encarar a raiva como o dejeto de nossa autoconsciência, um dejeto que precisamos tolerar, mas do qual tentamos nos livrar assim que possível.

O humor é uma das principais técnicas para administrar e dissipar a raiva. De acordo com Sêneca, o riso é uma resposta útil àquilo que, de outra forma, nos deixaria com raiva. Por exemplo, se alguém nos insulta, o humor é uma resposta muito melhor que a agressão. O cantor James Blunt foi elogiado por ter respondido a vários comentários altamente provocativos em uma rede social com respostas muito divertidas que fizeram os haters parecerem extremamente mesquinhos. Para citar um dos exemplos mais inocentes no Twitter, em resposta a "James Blunt tem um rosto maçante e uma voz irritante", Blunt respondeu simplesmente: "E nenhuma hipoteca." Pesquise outras respostas dele no Google para se inspirar sobre como responder a insultos que, de outro modo, gerariam sentimentos repletos de ira e ressentimento. Sêneca enfatiza que, quando nos aborrecemos (o que nem sempre é possível evitar), devemos nos desculpar. Isso repara as relações sociais e também pode fortalecer o eu. O ato de pedir desculpas frequentemente nos faz superar o que nos deixou aborrecidos.

Epiteto recomenda a "visualização projetiva" como técnica para suprimir a raiva. O exemplo que ele traz é o do seu servo, que quebra um copo e o deixa com raiva. (O que, evidentemente, é específico da Roma Antiga. Se um exemplo relacionado à escravidão lhe causa incômodo talvez seja melhor ajustar o exemplo para um contexto diferente.) Em vez disso, imagine que foi o servo de seu amigo que quebrou um copo na casa dele. Se fosse o caso, você, é muito provável, consideraria a raiva de seu amigo totalmente insensata e tentaria acalmá-lo.[12] Isso permite que você reconheça a insignificância da situação e não se entregue à raiva. Marco Aurélio também se interessou pela insignificância das coisas como antídoto para a raiva. Em geral, ele recomenda que você considere a impermanência de todas as coisas a fim de evitar a raiva e a frustração quando elas desaparecerem. Se um copo se quebrar, será uma pena — principalmente se o copo for valioso —, mas, da perspectiva da eternidade, onde tudo está fadado a perecer, trata-se de uma questão extremamente pequena e insignificante.

A vida é curta demais para sentir raiva. Você precisa aprender a reprimir emoções que prejudiquem sua paz de espírito e o impeçam de se manter firme. Se quer se manter firme, uma das condições é que não seja facilmente desviado do curso. Somos bombardeados de forma constante com apelos a nossas emoções — na televisão, nas redes sociais e na publicidade —, e isso muda constantemente o que queremos. Se persegue com muita frequência desejos efêmeros, você não pode se manter firme. E se não pode se manter firme, não está em posição de cumprir seu dever. Consequentemente, precisa aprender a reprimir seus sentimentos. Isso pode ocorrer à custa da autenticidade — o que, por si só, já é um benefício. Estar no controle das emoções confere ao indivíduo certa dignidade. Pratique o uso das máscaras. Pratique não ser afetado pela mesquinhez alheia. Depois de praticar, você estará pronto para o passo seguinte: demitir seu coach.

5. DEMITA SEU COACH

O coaching e a terapia se tornaram ferramentas de desenvolvimento onipresentes na cultura acelerada. Um coach supostamente deve ajudá-lo a encontrar as respostas dentro de você mesmo e atingir todo o seu potencial. Mas isso passa tão longe do objetivo... Considere demitir seu coach e se tornar amigo dele. Você pode comprar ingressos para um museu e perguntar a ele quais lições a vida tem a ensinar se você olhar para fora, em vez de para dentro. Aprenda a aproveitar o que a cultura e a natureza têm a oferecer — preferencialmente ao lado de seu ex-coach. Faça um piquenique ou visite um museu ao menos uma vez por mês.

É possível que seu coach, ou seu terapeuta, a essa altura tenha pedido demissão, frustrado porque você parou de olhar ansiosamente para o próprio umbigo e começou a concentrar-se no negativo, usar o chapéu do Não e reprimir seus sentimentos. Nesse estágio, se seu coach ainda não foi embora por conta própria, está na hora de vocês seguirem caminhos diferentes. O coaching promete que "você encontrará as respostas dentro de si mesmo", mas agora sabe que isso é ilusão. O coaching talvez seja a mais visível manifestação de tudo o que há de errado em uma cultura acelerada na qual é difícil se manter firme. O conceito de coaching tem como base o desenvolvimento e a mudança constantes — independentemente da direção e do conteúdo. Ele é sua própria *raison d'être*. E é assim independentemente de o coaching ser um serviço à venda ou algo que os gestores oferecem a suas equipes ou os professores a seus alunos.

Neste passo, quando peço que você demita seu coach, não estou necessariamente sendo literal — aliás, a maioria das pessoas não pode pagar um coach (eles chegam a cobrar mais de 700 reais por hora). Estou me referindo a todos os representantes do que chamo de "coachificação da vida" (que também poderia ser chamada de terapização): a tendência a nos cercarmos — e sermos dependentes — de todo tipo de tecnologia de autodesenvolvimento, e que é mais claramente personificada na figura do coach. O coach, portanto, deve ser considerado o representante de uma tendência mais ampla da cultura acelerada. Ao pregar o desenvolvimento, a positividade e o sucesso, ele é o contraponto da busca estoica pela paz de espírito mantendo-se imóvel e firme. Uso o termo "pregar" propositadamente, pois o coach é um pouco como o sumo sacerdote de nossa era, e tem uma obsessão quase religiosa pelo desenvolvimento e pela realização do eu.

A COACHIFICAÇÃO DA VIDA

O coaching é um setor em crescimento há muitos anos. Ele passou do mundo dos esportes para a educação, os negócios e a vida em geral (disfarçado de coaching de vida). Na cultura acelerada, o coaching é semelhante a uma religião do eu.[1] Em outras palavras, deveria ser visto como parte de uma visão de mundo mais abrangente que gira em torno do eu e de seu desenvolvimento. A demanda por desenvolvimento pessoal é aparentemente insaciável. Existe coaching de liderança, carreira, adolescência, família, sexo, estudos, espiritualidade, bebês, vida pessoal, amamentação etc., etc., etc., *ad nauseam*. Todo mundo quer embarcar no trem do coaching. Ele agora lida com clínicas relacionadas a aconselhamento, psicoterapia e orientação pastoral. Há alguns anos, muitos amigos e conhecidos meus fizeram treinamento de coaching. Agora há tantos que poucos dos que completaram o treinamento conseguem ganhar a vida dessa maneira. Mesmo assim, o modo de pensar subjacente àquela onda de entusiasmo se disseminou para muitas áreas da sociedade.

O coaching se tornou uma maneira padronizada de levar os relacionamentos interpessoais, especialmente quando alguém identifica a necessidade de (auto)desenvolvimento. O coach nos impulsiona para a frente, supostamente nos termos determinados por nós e com base em nossas preferências. Ele é capaz de fazer isso porque não é uma autoridade externa, ditando o que é bom e ruim em nossa vida. De acordo com a mentalidade consumista que é o epítome de nossa era, o cliente sempre tem razão, de modo que somente eu sei o que é bom ou ruim para mim. O trabalho do coach é me ajudar a aprender sobre mim mesmo e minhas preferências, mas não ditá-las. Ele deve refletir meus desejos e me ajudar a realizar meus objetivos. O coach faz perguntas, mas as respostas devem vir de dentro de mim.

O coaching se tornou uma ferramenta psicológica essencial em uma cultura que gira em torno do eu. Como tal, é parte de uma visão de mundo mais ampla que chamaremos — de modo ligeiramente provocador — de religião do eu.[2] A religião do eu assumiu muitas das funções do cristianismo: o papel do padre agora é interpretado por um psicoterapeuta ou coach; as denominações religiosas deram lugar à terapia, ao coaching e a outras técnicas de desenvolvimento pessoal; e a graça e a salvação foram substituídas pela autorrealização, pelo aprimoramento das habilidades e pela educação continuada. E, finalmente, e talvez mais importante, onde Deus costumava ser o centro do universo, agora existe o eu. Nunca antes na história falamos tanto sobre o eu e suas características (autoestima, autoconfiança, autodesenvolvimento etc.). Nunca antes tivemos tantas maneiras de mensurar, avaliar e desenvolver o eu, embora basicamente não façamos ideia do que ele é.

Ao contrário do cristianismo, a religião do eu não tem uma autoridade externa (Deus) que estabeleça estruturas para a vida e o desenvolvimento humanos. Em vez disso, temos uma autoridade interna (o eu) que agora acreditamos ser a luz que guia nossa vida. Como já mencionado, supostamente é por isso que é tão importante "aprender a conhecer a si mesmo", "trabalhar a si mesmo" e se desenvolver na direção desejada. A criação, o ensino, a gestão, o trabalho social e muitas outras práticas foram consequentemente terapizadas em anos recentes. O professor moderno não é um autoritário odioso que transmite vastos conhecimentos para uma plateia geral, mas um quase terapeuta ou coach que facilita pessoalmente o "desenvolvimento pessoal" de seus alunos. Faz muito tempo que os professores já não usam palmatórias, mas o professor moderno tem "palmatórias psicológicas", isto é, diferentes jogos socioeducacionais ou de terapia em grupo que facilitam o controle social por meio do autodesenvolvimento. Esses jogos são baseados no pensamento de que o desenvolvimento das crianças é fomentado pela identificação de suas qualidades positivas, de maneira altamente individualizada. O professor pode até mesmo fazer um curso de coaching que trate especificamente de questões pedagógicas. De modo similar, os gestores modernos já não são autoritários remotos preocupados unicamente com a contratação, demissão e administração, mas terapeutas introspectivos e dispostos a ouvir que, em revisões de desempenho e desenvolvimento ou sessões de coaching, tentam desenvolver as habilidades pessoais de sua equipe. Quando vamos para o trabalho, o eu vai conosco, então precisamos desenvolvê-lo em direções comercializáveis. Acima de tudo, é essencial que nos vejamos como material para projetos de desenvolvimento de habilidades.[3] Nesse contexto, o coaching é uma ferramenta-chave com a qual descobrir, classificar e otimizar nossas habilidades.

OS PERIGOS DO COACHING

O guru internacional Tony Robbins, que foi coach (sem brincadeira) de George Bush, Bill Clinton e Mikhail Gorbachev, diz:

Para ser feliz, acho que você precisa de uma coisa acima de tudo: progresso. Tenho uma expressão-chave em meu coaching, o que chamo de "melhoria constante e infinita". Vivo por essa máxima. Para que seu relacionamento seja feliz, ele precisa de desenvolvimento. Para que você fique feliz com seu corpo, ele precisa de treinamento. Para que seu emprego ou negócio seja bem-sucedido, ele precisa de progresso.[4]

"Melhoria constante e infinita" pode ser um slogan útil para atletas bem-sucedidos, mas como fórmula da felicidade para pessoas comuns é um pouco mais dúbio. O perigo do coaching é que você nunca terá permissão para ficar parado. Sempre haverá espaço para melhoria — e, se você *não* melhorar, será culpa sua. A mensagem é que tudo é possível se você *acreditar* o bastante e *quiser* o bastante. Se as coisas não funcionarem, é porque você não mobilizou suficiente vontade e motivação. A consequência é que você automaticamente critica a si mesmo quando algo é problemático: você internaliza a crítica social externa e a transforma em autocrítica interna.[5]

Uma tendência problemática do coaching é que, se você está entediado com a rotina, exausto, desanimado ou sem motivação, ele é apresentado como panaceia. O problema, claro, é que a exaustão e o vazio podem ter sido *causados* pela exigência constante de autodesenvolvimento e melhoria. Nesse caso, o coaching pode amplificar os problemas que supostamente deveria solucionar. Falando sem rodeios, o coaching é somente mais da mesma droga que nos deixou doentes! Você pode até mesmo perceber que passou tanto tempo estudando sobre si mesmo só para descobrir que não há nada lá. Nesse ponto, o coach não tem nada com que trabalhar, e o relacionamento se torna vazio. O coaching basicamente consiste em alguém segurar um espelho na sua frente a fim de refletir seus objetivos, valores e preferências e ajudá-lo a realizá-los. A própria essência da religião do eu é a ideia de que as respostas serão encontradas dentro de você. Isso tanto determina a direção do desenvolvimento (para onde quero ir?) como serve de medida do sucesso (quando serei bom o bastante?). No entanto, como essa medida é subjetiva, isto é, independente de padrões externos, há o risco de se desenvolver um vácuo infinitamente expansível. Quando devo parar? "Melhoria constante e infinita" é a expressão-chave. Você *nunca* será bom o bastante.

Uma das muitas e muito conhecidas declarações inspiracionais de Tony Robbins é: "O sucesso é fazer o que você quiser, quando quiser, onde quiser, com quem quiser, quanto quiser." A mensagem explícita é que a autorrealização define o sentido da existência humana, independentemente das predileções pessoais. Levada ao extremo, essa maneira de pensar lembra a psicopatia e o transtorno de personalidade antissocial, porque encoraja você a fazer o que quer que seja necessário para conseguir o que quer. As outras pessoas são, no melhor dos casos, instrumentos a seu serviço, usadas para aumentar sua felicidade e seu sucesso. O sucesso é fazer "o que você quiser, com quem quiser". Se criássemos nossos filhos de acordo com essa definição de sucesso, simplesmente diríamos a eles que tudo que desejam é bom, e o objetivo da educação seria ensiná-los a realizar esses desejos. Esse é um exemplo claro do subjetivismo que prevalece na cultura acelerada e é encorajado pelos coaches por meio da religião do eu. Na realidade, criar um filho envolve ensinar a ele os limites estabelecidos pela sociedade, dentro dos quais todos temos de aprender a viver. O conceito tradicional de criação é baseado na ideia de que há coisas fora do eu que vale a pena conhecer. É geralmente aceito que o papel dos pais (mas também de cuidadores e professores) é conferir a seus tutelados o caráter e a integridade discutidos no passo anterior, a fim de que reconheçam e permaneçam no interior desses limites sociais. Mas se você acredita que tudo vem do eu — ambições, valores, ideais —, então a pessoa que educa a criança é reduzida ao status de caixa de ressonância. Em outras palavras, reduzida a um coach, cujo foco é espelhar o interno em vez de definir valores e limites.

A questão é se uma filosofia de paternidade baseada nos princípios do coaching — isto é, uma filosofia que deliberadamente não inculcasse valores nem ensinasse limites — poderia produzir adultos sadios e adequadamente funcionais. Crianças criadas dessa maneira, é muito provável, se tornariam adultos com foco em seus impulsos internos em vez de entender o que é importante na vida e cumprir seus deveres como seres humanos. Elas seriam especialistas em olhar para dentro, capazes de priorizar suas preferências e descobrir como realizá-las. Mas, no fim das contas, seriam somente crianças inteligentes. Seriam especialistas em otimização de meios, mas não teriam ideia de que possuem deveres na vida que vão além de suas perspectivas e preferências subjetivas. Em outras palavras, não compreenderiam que há coisas que se deve fazer porque são importantes, não porque se quer (ou não) fazê-las. Há aspectos da vida que são importantes, independentemente de como os indivíduos se sentem a respeito, mas essa ideia é desdenhada no coaching e na religião do eu.

COACHING E AMIZADE

Para muitas pessoas, a confiança no coach ou terapeuta praticamente substituiu as amizades tradicionais. O homem é um animal que não somente se acasala — às vezes por toda a vida —, como também tem outros parceiros. Os filósofos desde Platão e Aristóteles reconhecem que a amizade é fundamental para a condição humana. De acordo com Aristóteles, um amigo é alguém com quem se passa tempo, do qual ambos derivam prazer. No entanto, você também quer o melhor para seu amigo por ele mesmo, e não somente pelo benefício de sentir prazer ao passar tempo com ele. Uma amizade, portanto, é um relacionamento que tem valor intrínseco: um amigo é alguém que você ajuda para benefício dele. Se você ajuda outros para benefício próprio, não se trata, estritamente falando, de uma amizade, mas de uma parceria baseada em um contrato implícito (eu te ajudo, você me ajuda). O *quid pro quo* (algo em troca de algo) se aplica a muitos relacionamentos, como àquele entre empregador e empregado, mas não ao relacionamento entre pais e filhos (no qual você tem o dever de estar presente para apoiar seus filhos, independentemente de achar que, como pai, "ganha algo em troca"). De acordo com Aristóteles, tampouco há *quid pro quo* entre amigos. Provavelmente é seguro presumir que os humanos são os únicos seres que têm amigos nesse sentido, já que seus relacionamentos são baseados em dar e receber.

A questão é se a religião do eu, com seu foco exclusivo nas preferências do indivíduo e na qual o coach oferece as ferramentas para o autodesenvolvimento, pode ser interpretada como forma moderna de amizade. A resposta evidentemente é não — a interação entre coach e cliente é o epítome do relacionamento instrumental. Ele só é mantido enquanto ambas as partes se beneficiarem e frequentemente é baseado em interesses financeiros (o coaching, afinal, é um negócio). Assim, há algo notável no fato de que os sonhos e segredos que, no passado, você só teria partilhado com seus amigos mais próximos tenham se tornado, nos últimos anos, parte integrante de sessões de coaching projetadas para alcançar "todo o seu potencial". Esse parece ser um aspecto de uma tendência mais ampla da cultura acelerada: a dificuldade cada vez maior de construir amizades verdadeiras. O termo "amigo" já começa a soar arcaico (ao menos fora do uso aviltante feito pelo Facebook), e existe agora a tendência a se referir a "redes" em vez de círculos de amigos. Mas uma rede *é* instrumental. É algo que você mantém e desenvolve para mobilizar quando necessário. Se quer mudar de emprego, você aciona sua rede. Os sociólogos mensuram a variedade e a força da rede, tanto qualitativa quanto quantitativamente, como forma de "capital social". Nesse contexto, o conceito de capital não é metafórico. Ele significa a transformação dos relacionamentos pessoais em commodities e a diminuição das amizades reais. No sentido clássico, como entendido por Aristóteles e pelos estoicos, os amigos são definidos por seu próprio valor — eles não são somente um recurso a ser utilizado na busca pelo máximo que a vida tem a oferecer. Em outras palavras, amigos verdadeiros não podem ser comprados.

O QUE POSSO FAZER?

Se, como eu, você se sente desconfortável com a coachficação e a crescente instrumentalização dos relacionamentos humanos que ela representa, observe seu uso da linguagem. Em vez de dizer que tem uma rede, fale sobre seu círculo de amigos. Nesse contexto, o conceito de amigo é muito diferente daquele no qual a palavra frequentemente é usada, como no Facebook. Um "amigo" do Facebook pode ser somente um contato, e nada mais. Uma rede consiste em relacionamentos baseados em alguma forma de contrato. Um verdadeiro amigo é alguém para quem você quer o melhor, alguém que está disposto a ajudar mesmo que não se beneficie da interação. Você só pode torcer para que alguém o considere um verdadeiro amigo. Na amizade, assim como no amor, não há contratos. Por isso, reintroduza os conceitos de amizade e círculos de amigos e demita seu coach.

Quem sabe, talvez, ele termine sendo seu amigo. Frequentemente, coaches são excelentes pessoas, que escolheram essa área de atuação precisamente porque gostam de ajudar os outros. Juntos, talvez você e seu novo amigo descubram que certas coisas possuem valor intrínseco, e não são simplesmente definidas por sua habilidade de aumentar a utilidade com base em preferências pessoais, ou seja, realizar o maior número possível de seus desejos. A esta altura, recomendo dois tipos de atividade partilhada que podem fornecer solo fértil para essa amizade incipiente: uma atividade cultural e uma atividade em contato com a natureza, representadas pelo museu e pela floresta. Um museu é uma coleção de objetos do passado (próximo ou distante), como arte ou artefatos, que dizem algo sobre uma era particular ou um aspecto da experiência humana. Obviamente, você pode aprender muito em uma visita ao museu, mas a maior alegria está justamente em aproveitar a experiência sem pensar em como aplicar esse conhecimento. Em outras palavras, o truque é aprender a valorizar coisas que não podem ser "usadas" para alguma outra função. Um museu exibe e celebra itens que, de certa perspectiva, são pouco mais que tralhas velhas (ou novas). Da perspectiva puramente utilitarista, isso é irracional. Mas nos lembra de que estamos sobre os ombros de uma série de tradições culturais entrelaçadas das quais nossa experiência coletiva é derivada. E será que não é muito mais fácil se manter firme sobre os ombros dos outros?

Similarmente, uma caminhada pela floresta nos dá a sensação de sermos parte da natureza e nos permite compreender que ela não deveria ser vista como coleção de recursos que existem apenas para atender às necessidades e aos desejos humanos. A relva, as árvores e os pássaros já existiam muito antes das pessoas, e provavelmente sobreviverão a todos nós. Eles não estão lá para nosso benefício. Da perspectiva estoica, a natureza é um *cosmos* que se estende para além da experiência humana. Não devemos necessariamente deificá-la, mas um pouco de humildade perante ela pode dar origem a um saudável ceticismo sobre a religião do eu (que emerge de uma forma de deificação do eu). A maneira mais fácil de apreciar o valor intrínseco da natureza é entrar em contato com ela. Pergunte-se se o mundo seria um lugar pior caso os cachalotes fossem extintos. Da perspectiva da utilidade humana, que reduz todo sentido e todo valor ao ponto de vista subjetivo da humanidade, a resposta provavelmente é não. É bastante imaterial se os cachalotes morrem ou não — eles não têm utilidade para nós. Mas a maioria de nós se sentiria desconfortável com essa resposta e intuitivamente argumentaria que o mundo *ficaria* mais pobre sem eles. E pensamos assim mesmo que haja pouca possibilidade de algum dia vermos ou interagirmos com um cachalote. O mesmo é verdadeiro para museus e suas coleções. Quem liga se algum museu cheio de velharias pegar fogo? A resposta é muitos de nós! No interior da religião do eu — na qual sentido e valor emergem da subjetividade —, é difícil, se não impossível, articular uma razão para se preocupar com isso. Mas o fato de que muitas pessoas claramente se importam com cachalotes e museus enfatiza a natureza distorcida do modo de pensar subjacente à religião do eu e a autoproclamada sabedoria de todas aquelas legiões de coaches.

Quando tiver demitido seu coach e decidido se reconectar com a vida para além do eu, a melhor coisa a fazer é algo bom por outra pessoa. Isso pode não ser difícil — então talvez seja melhor fazer algo bom por outra pessoa sem que ela saiba que foi você. Isso já não é tão fácil, porque vai de encontro à mentalidade *quid pro quo*. A benevolência anônima o ajudará a entender o valor intrínseco das boas ações. Você aprenderá que não é sua experiência interna que determina se algo tem valor.[6] Há aspectos do mundo que são bons, importantes e significativos mesmo que você não se beneficie deles.

6. LEIA UM ROMANCE — NÃO UM LIVRO DE AUTOAJUDA OU UMA BIOGRAFIA

As biografias sempre estão no topo das listas de best-sellers, mas frequentemente celebram apenas a vida trivial das celebridades e reforçam a ideia de que a vida é algo que podemos controlar. Os livros de autoajuda fazem o mesmo. No fim, eles o deixam desanimado com sua falha em conquistar a felicidade, a riqueza e a saúde prometidas. Os romances, em contrapartida, permitem que você entenda que a vida humana é complexa e impossível de controlar. Leia ao menos um por mês.

Depois de demitir seu coach, você provavelmente sofreu uma crise de abstinência de autodesenvolvimento. Após passar tanto tempo constantemente preocupado consigo mesmo, suas vísceras e seu desenvolvimento, não é fácil começar a se concentrar no mundo a sua volta. Como um ex-fumante com um adesivo de nicotina, você provavelmente se jogou nos livros de autoajuda que prometem tornar a vida mais saudável e feliz e levar à realização pessoal. Ou talvez tenha feito o que faz a maioria das pessoas e tenha lido uma biografia. É meio banal dizer que a obsessão contemporânea com as (auto)biografias reflete uma cultura de individualização — mas, se isso é verdade, é banal somente no sentido de "totalmente óbvio". Também penso que algo na progressão linear das biografias, nas quais os acontecimentos ocorrem em ordem cronológica, tem efeito reconfortante em uma cultura acelerada que parece correr descontroladamente. Tanto os livros de autoajuda quanto as autobiografias celebram o eu como o aspecto mais importante da vida — mas raramente se trata de um eu com qualquer equilíbrio em termos de integridade e valores morais. Em vez disso, usualmente se fala de um eu fadado à mudança e ao eterno desenvolvimento. Com exceção deste, jamais encontrei um livro de autoajuda que buscasse ajudar o leitor a se manter firme e resistir ao desenvolvimento pessoal. E você jamais verá uma autobiografia intitulada *Autodesenvolvimento: Sua parte em minha imobilidade.*

O Passo Seis tenta acabar com sua dependência da literatura do eu, que reforça a ideia de que a vida é algo que pode ser controlado, desde que você se conheça e se desenvolva. Lá no século XX, o filósofo Charles Taylor analisou como aquilo que chamou de ética da autenticidade (ou seja, de que o importante é ser verdadeiro consigo mesmo) podia resultar em novas formas de dependência, nas quais as pessoas que estavam em dúvida sobre sua identidade precisavam de muitos guias de autoajuda.[1] O que as deixava em dúvida sobre a própria identidade e levava ao risco de dependência?

Taylor diz que isso ocorre porque começamos a adorar o eu de uma maneira que nos isolava do mundo em volta: história, natureza, sociedade e qualquer outra coisa originada em fontes externas. No capítulo anterior, chamei isso de religião do eu. Se negamos a validade das fontes externas, só o que resta como base para a definição do eu somos nós mesmos. No melhor cenário, isso é trivial. No pior, torna impossível entender nossos deveres e o que é importante na vida.

A literatura de autoajuda é parte do problema e deve ser ignorada. No entanto, como ler geralmente é algo bom, recomendo que você aprecie um tipo diferente de literatura: os romances. Ao contrário dos livros de autoajuda e da maioria das autobiografias,[2] eles representam a vida de modo mais fiel, como complexa, aleatória, caótica e multifacetada. Os romances o lembram de quão pouco controle você tem sobre sua vida e mostram como ela está intrinsecamente ligada a processos sociais, culturais e históricos. Reconhecer isso dará a você uma humildade que pode ajudá-lo a cumprir seu dever na vida, em vez de focar constantemente em si mesmo e em seu desenvolvimento pessoal.

OS GRANDES GÊNEROS LITERÁRIOS ATUAIS

Recentemente, o psicólogo e sociólogo Ole Jacob Madsen criticou a literatura de autoajuda da perspectiva cultural.[3] Seu livro analisa abordagens cognitivas (incluindo processamento de linguagem natural), atenção plena, autogestão, autoestima e autocontrole, e mostra como esses vários métodos de autoajuda levam as pessoas a achar que meditar e aumentar a autoestima, por exemplo, levarão à solução de problemas sérios como a crise ambiental e a crise financeira. Madsen vê um forte desequilíbrio ideológico por trás da maior parte da literatura de autoajuda, na qual cada indivíduo se torna responsável por seu próprio destino e deve buscar soluções individuais para problemas sociais. É um paradoxo fundamental que a literatura de autoajuda celebre o indivíduo, sua liberdade de escolha e sua autorrealização e, ao mesmo tempo, ajude a criar pessoas cada vez mais viciadas em intervenções terapêuticas e de autoajuda. Afirma-se que a autorrealização resulta em adultos autossuficientes, mas, na verdade, ela cria adultos infantilizados e dependentes que acham que a verdade está no interior deles mesmos.

Madsen começa sua meticulosa análise citando o romance satírico de Will Ferguson sobre a indústria de autoajuda, intitulado *Ser feliz*. O personagem principal é um editor assistente que se depara com um manuscrito de autoajuda escrito por um autor anônimo. O livro é publicado e — ao contrário de seus concorrentes — se mostra 100% eficaz. O livro se torna best-seller instantâneo que cura as pessoas de seus males e as torna ricas, bem-sucedidas e felizes. As consequências dessa epidemia de felicidade são imprevisíveis e incalculáveis. Todas as indústrias que se alimentam da miséria humana (entre elas, a máfia) se voltam contra o editor, muitas vezes de forma violenta. Ele é forçado a procurar o autor para salvar a vida de ambos. O autor se revela um cínico paciente de câncer, totalmente livre de ilusões, que só escreveu o livro para garantir alguma segurança financeira para os netos. No entanto, a fim de se contrapor à destrutiva epidemia de felicidade, ele concorda em escrever um antilivro de autoajuda — talvez não muito diferente deste que você está lendo agora.

Essa hilária sátira chama nossa atenção para um fato incontestável: os livros de autoajuda não funcionam! Milhares de livros de autoajuda são publicados — todos prometendo nossa realização, desenvolvimento e transformação nas "melhores versões de nós mesmos" — precisamente porque não têm nenhum efeito particular. Ou, para continuar na metáfora da dependência, quando os efeitos começam a passar, os viciados precisam de mais drogas. O mesmo se aplica à literatura de autoajuda: assim que você começar a viver de maneira saudável, comer de acordo com seu tipo sanguíneo ou praticar a atenção plena na hora das refeições, será tentado por algo novo e aparentemente mais empolgante. Sempre haverá mais um livro para comprar, mais um conceito para explorar, mais um curso para fazer. Nesse sentido, a indústria da autoajuda reflete a mentalidade consumista da cultura acelerada, na qual os produtos (entre os quais livros) que prometem ajudar os leitores a se encontrar tratam, em vez disso, de modificar infinitamente o eu — a "melhoria constante e infinita" pregada por Tony Robbins. Temos aqui outra variante do que mais cedo chamei de máquina de paradoxos. De modo geral, a literatura de autoajuda promove a mobilidade e não a estabilidade. Você tem de ser você mesmo — mas mudar o tempo todo.

O mesmo vale para o segundo maior gênero literário da atualidade: as biografias. Elas estão constantemente no topo das listas de mais vendidos, porque queremos ler sobre como as pessoas famosas chegaram lá. Aparentemente, elas chegam lá cada vez mais cedo, já que os biografados são cada vez mais jovens. Qualquer astro dos esportes que se preze escreve sua autobiografia antes de completar 30 anos. Muitos executivos, apresentadores de TV, músicos e atores também publicam autobiografias, e a lógica básica do gênero permanece consistente. A vida é apresentada como uma jornada na qual o personagem principal, em virtude de suas escolhas e experiências individuais, torna-se seu verdadeiro eu. Um subgênero especial das biografias são as memórias de sofrimentos mencionados no Passo Dois. Elas descrevem uma experiência particularmente traumática (crise, divórcio ou colapso mental) como um presente. Se você pensar positivamente sobre sua dor, ela se transformará em um recurso que lhe dará maior insight sobre si mesmo e, no fim das contas, tornará sua vida melhor. As autobiografias raramente descrevem crises que tiveram resultados exclusivamente negativos. Com muito mais frequência, a crise e a adversidade são apresentadas como oportunidades para o crescimento e o desenvolvimento pessoal. E, às vezes, pode ser o caso. No entanto, após ler este livro, você sabe que crises e adversidades podem ser somente o que parecem ser: situações horríveis das quais nada de bom jamais sairá. Mais frequentemente do que se imagina, a melhor coisa a fazer é tentar viver com dignidade, encarando o negativo e o aceitando. Mas você não aprenderá isso em autobiografias e livros de autoajuda (em vez disso, olhe para Sêneca e Marco Aurélio em busca de inspiração).

O ROMANCE COMO TECNOLOGIA DO EU

Em contrapartida, acho que você pode aprender a aceitar as adversidades ao ler romances. Essa é uma categoria extremamente extensa, é claro, que engloba tudo, de ficção comercial a clássicos existenciais russos. E é verdade que incontáveis romances seguem o mesmo modelo linear que se encontra no pensamento de autodesenvolvimento. Mas a questão é que o romance *também* é livre para mostrar a vida e o eu de várias formas. O conceito moderno da vida como projeto autobiográfico indubitavelmente está ligado ao surgimento do romance moderno como forma de expressão literária.[4] O romance — do qual um dos primeiros exemplos é *Dom Quixote*, de Cervantes, escrito em 1606 — retrata como um indivíduo em específico experimenta o mundo e como sua perspectiva modifica o mundo descrito. Isso em contraste com a literatura anterior, como as narrativas canônicas medievais em histórias e canções folclóricas, que retratavam "todo mundo" ao se concentrar em situações gerais que representavam experiências universais. O romance cresceu paralelamente aos estágios iniciais do individualismo — tanto como seu produto quanto como seu cocriador — e ensinou o público leitor a entender o mundo de uma perspectiva subjetiva, em primeira pessoa.

Quando o gênero evoluiu, o teórico literário russo Bakhtin identificou sua natureza polifônica: em outras palavras, o romancista não estava limitado a falar com uma voz, sendo capaz de usar vozes múltiplas e mesmo conflitantes. Mas, no fim das contas, ainda estávamos lidando com um único mundo, embora ele fosse interpretado de maneiras diferentes por vários personagens. Em anos recentes, novas formas emergiram, às vezes chamadas de poli*teístas*.[5] Haruki Murakami, autor japonês de best-sellers e indicado ao Prêmio Nobel, ajudou a desenvolver o romance politeísta. Trata-se de uma ficção na qual múltiplos deuses (ou visões de mundo) se encontram e na qual não há um único mundo para o qual múltiplas perspectivas convergem, mas vários mundos diferentes para os quais o leitor é atraído e dos quais às vezes é expulso. O elemento politeísta em Murakami é evidente em muitas de suas obras, mas talvez acima de tudo em sua obra-prima, *1Q84*, que apresenta as chamadas "pessoas pequenas" de várias realidades. Nos romances de Murakami, a realidade frequentemente muda de forma. Ele talvez possa ser considerado um realista mágico, embora suas obras sejam diferentes — e mais melancólicas — que as dos pioneiros latino-americanos do gênero, como Gabriel García Márquez e Jorge Luis Borges.

Nesse sentido, o romance progrediu de refletir uma única perspectiva do mundo para múltiplas perspectivas e, finalmente, para múltiplas perspectivas em múltiplos mundos. Ler sobre os muitos mundos de Murakami faz você sentir que o chão está tremendo. Você começa a duvidar do que julgava saber — e, se você se lembra do Passo Três, pode ser que nosso mundo precise desesperadamente de mais pessoas duvidando. Precisamos de uma ética da dúvida, o que é fácil de falar, mas difícil de pôr em prática. O romance provavelmente está mais bem situado para realizar essa ética do que filósofos e desenvolvedores pessoais. Estou convencido de que os romances de Charles Dickens, Vladimir Nabokov e

Cormac McCarthy (alguns dos meus favoritos) nos tornarão pessoas melhores que o coaching de Tony Robbins ou os livros de Martin Seligman sobre psicologia positiva. É verdade que comparar a ficção com autoajuda é como comparar maçãs com peras — mas o que elas têm em comum é que ambas exploram o que é ser humano e como é a vida. Eu me pergunto o que aconteceria à nossa percepção cultural de nós mesmos se substituíssemos a adoração monoteísta do eu e seu desenvolvimento de Tony Robbins pelo politeísmo complexo de Murakami.

Conforme os romances mudavam ao longo dos séculos, testemunhamos um desenvolvimento também naqueles que os liam. Para usar um termo cunhado pelo filósofo Michel Foucault, o romance é um tipo de tecnologia do eu. Para Foucault, o eu está sempre entremeado a tecnologias que modelam e influenciam a subjetividade. "Tecnologias do eu" foi a expressão que ele usou para designar as ferramentas que os indivíduos empregam em relação a si mesmos, e com as quais se criam, se recriam e se cultivam como sujeitos (ou seja, como indivíduos que agem) de maneiras particulares.[6] Foucault toma vários pontos da história e examina as tecnologias do eu que tipificam aquela era, como as cartas, as confissões autobiográficas, os exames, o ascetismo e as interpretações de sonhos dos estoicos, por exemplo. Pode parecer que as tecnologias do eu são equivalentes ao conceito de autodesenvolvimento. E, em certo sentido, isso é verdade. No entanto, a diferença significativa é que, enquanto os desenvolvedores pessoais tipicamente defendem a existência de um eu interno que deve ser descoberto e realizado,

Foucault achava que o eu era uma ilusão, algo criado, como um artista pintando um retrato. Ele não existe antes de sua criação e não surge por si mesmo. Outra diferença é que o conceito de tecnologia do eu está intimamente ligado a certo entendimento da ética. O conceito de ética desempenha papel importante nas obras tardias de Foucault, representando a continuada relação do eu consigo mesmo. Assim, a ética não se refere a uma disciplina filosófica abstrata, devendo ser entendida em relação à criação e à educação prática do sujeito.[7] Ser alguém, ser um sujeito, consiste não somente em descobrir e desenvolver propriedades preexistentes do eu, mas também em refletir sobre a dimensão ética associada ao fato de ser humano. Além disso, a ética desempenha papel particularmente significativo no mundo politeísta, em que o objetivo não é encontrar a verdade sobre si mesmo, mas viver honestamente (como adotado por Hannah Arendt, conforme o Passo Três). A premissa desse passo é a de que os romances o ajudarão a entender melhor essas coisas.

LITERATURA SEM ILUSÕES

Muito bem, você pode dizer, mas *o que* eu devo ler? É aqui que as coisas ficam difíceis. A resposta, evidentemente, varia de pessoa para pessoa. Além de declarar o óbvio — que a literatura canônica de Homero, Dante e Shakespeare e de numerosos romancistas modernos é digna de ser lida —, só posso recomendar escritores e livros que me fizeram algum bem. Há insights em tudo, do Pato Donald a Cervantes, então espero que meus favoritos não soem elitistas. Já falei de Murakami, de quem sou leitor fiel e cujas vívidas descrições de tudo, de sonhos ao preparo de refeições, colocam o leitor em um estado meditativo que, na minha opinião, supera em muito qualquer exercício de atenção plena. Além dele, discutirei brevemente dois outros autores contemporâneos que também foram muito importantes para mim.

Um é o escritor francês Michel Houellebecq, que também é um atento observador da cultura acelerada. Ele é famoso, notório e controverso. Alguns acham que é um escritor brilhante em uma tradição positivista francesa que tem raízes em Zola, ao passo que outros o veem como charlatão sensacionalista. Não tentarei solucionar essa polêmica: talvez ele seja ambas as coisas. Mesmo assim, seus livros tentam mostrar que nossa vida — e nossas ideias sobre o eu — é o resultado de processos sociais e históricos abrangentes demais para serem influenciados por apenas um indivíduo. Seus livros também mostram (de maneira frequentemente humorística e satírica) o que há de errado nesses processos sociais e históricos. Ouvi algumas pessoas dizerem que ler Houellebecq as deprime, mas sua obra tem o efeito oposto em mim. Há algo altamente edificante em sua perspectiva — que é desprovida de ilusões — sobre nossa era e seus problemas.

É difícil determinar se os livros de Houellebecq são pura ficção ou se contêm elementos autobiográficos significativos.[8] Eles jogam constantemente com as contradições entre fatos (biográficos) e ficção e entre arte e ciência. O protagonista muitas vezes lembra o próprio autor, a ponto de, na maioria dos livros, o protagonista masculino se chamar Michel. Em uma de suas obras mais conhecidas,

Partículas elementares, o personagem principal é criado pela avó após ser abandonado pelos pais, que eram obcecados pelo autodesenvolvimento ("O casal rapidamente percebeu que o fardo de cuidar de uma criança era incompatível com seu ideal de liberdade pessoal"). Isso tem paralelos na vida do próprio Houellebecq.

Um tema recorrente na obra de Houellebecq é a absoluta mercantilização das relações humanas na sociedade acelerada de consumo. Em seus romances, quase todo relacionamento é caracterizado por uma troca de serviços na qual a experiência do indivíduo é seu bem mais precioso, aquilo contra o que tudo na vida é mensurado. Na maior parte das vezes, o amor é descrito puramente em termos sexuais, e a religião consiste em nada mais que superficiais e cósmicas/cômicas filosofias New Age, somente outro produto em um mercado de novas experiências. Os romances de Houellebecq nos ensinam que a busca pelo eu e pela autorrealização é basicamente um reflexo da sociedade capitalista tardia, na qual mesmo os relacionamentos mais íntimos estão sujeitos à mercantilização e à instrumentalização. Viver é experimentar o máximo possível sem encontrar padrões externos em relação aos quais se manter firme e, consequentemente, "a destruição dos valores morais das décadas de 1960, 1970, 1980 e 1990 foi um processo lógico e quase inevitável".[9] As descrições distópicas de aspectos-chave da vida humana e da (dissolução da) identidade na sociedade pós-moderna de consumo são ao mesmo tempo precisas e exageradas. Nesse sentido, seus livros podem ser vistos como uma forma de sociologia literária que analisa tendências na cultura acelerada e suas consequências humanas.

Algo similar é verdadeiro em relação ao escritor norueguês Karl Ove Knausgård, que foi internacionalmente aclamado em anos recentes por sua imensa obra autoficcional *Minha luta*. Em vários milhares de páginas, para as quais o leitor é quase hipnoticamente atraído, Knausgård nos lembra sobre os detalhes fascinantes da vida cotidiana. Ele não é crítico ou satírico como Houellebecq, mas é igualmente desprovido de ilusões — e seus livros estão ainda mais intimamente entrelaçados à sua vida. Mas sua grande obra não é uma autobiografia? Não. Ela é uma autobiografia tanto quanto este é um livro de autoajuda. Ou poderíamos dizer que, em virtude de sua monstruosidade, ela desconstrói a autobiografia como gênero. Uma autobiografia relata as principais decisões e os eventos-chave por meio dos quais o escritor criou ou realizou a si mesmo. Knausgård, em contrapartida, escreve sobre situações aparentemente triviais, como ir a uma festa infantil politicamente correta organizada por suecos ou sua falta de experiência sexual. Mas não escreve sobre esses assuntos casualmente: eles são a essência do livro. Trata-se menos de um autorretrato do que de uma reflexão literária sobre a vida humana, sobre nossos relacionamentos com os outros, a família e a natureza. Pode ser que os livros de Houellebecq e Knausgård não sejam *corretos*, no sentido objetivo (e ambos os autores foram alvo de processos, porque escrevem sobre lugares e pessoas reais). No entanto, em um sentido mais profundo, acho que oferecem descrições *verdadeiras* de nossa vida, precisamente porque não têm ilusões e focam os aspectos negativos. Eles não nos apresentam uma grande Verdade com v maiúsculo (o que, de qualquer modo, só existe para os religiosos entre nós), mas descrições verdadeiras de aspectos da vida na cultura acelerada. Eles mostram como a literatura árida, negativa e desprovida de ilusões não precisa ser deprimente nem desencorajadora — ao contrário, pode ser edificante, porque enfatiza a importância de tudo o que existe externamente ao eu.

O QUE POSSO FAZER?

Leia ao menos um romance por mês. A maioria de nós consegue fazer isso. Já fiz algumas recomendações e tentei explicar por que escritores como Murakami, Houellebecq e Knausgård merecem ser lidos, pois oferecem uma concepção do eu inteiramente diferente daquela encontrada em livros de autoajuda e biografias. Somos influenciados pelo que lemos. Se você escolher biografias e literatura de autoajuda, será apresentado à ideia de eu como ponto focal, interno e verdadeiro, da vida. Será apresentado a uma história positiva e otimista de desenvolvimento, em cuja glória será convidado a se banhar. Os romancistas oferecem uma visão de mundo mais complexa e mesmo politeísta. Não tenho certeza sobre o que aconteceria se usássemos as obras desses autores para interpretar nossa vida, em vez dos tomos de autoajuda. Mas suspeito que construiríamos um retrato mais preciso do mundo em que vivemos. Eles ofereceriam perspectivas polifônicas (Murakami) sobre processos sociais e históricos (Houellebecq), e nenhum detalhe da vida cotidiana seria pequeno demais para merecer sua atenção (Knausgård).

Como os romances nos ensinam a nos mantermos firmes? Eles nos ajudam a encontrar sentido ou perspectivas externas na vida, sobre as quais nos mantermos firmes. Ao menos, essa é a tese do livro *All Things Shining* [Todas as coisas brilhantes, em tradução livre], dos influentes filósofos norte-americanos Hubert Dreyfus e Sean Kelly. Como o subtítulo sugere, eles querem que você leia os clássicos ocidentais para encontrar sentido em uma era secular — um mundo sem Deus.[10] Dreyfus e Kelly discutem escritores como David Foster Wallace, Homero, Dante e Herman Melville, com o objetivo de encorajar a abertura ao mundo e o que ele tem a oferecer — uma habilidade que acham que a humanidade moderna perdeu. Eles afirmam que somos adeptos da introspecção e estamos preocupados com nossas experiências internas, mas não sabemos como obter sentido do mundo a nossa volta. E acreditam que os clássicos ajudam a solucionar essa falha. Como Murakami, clamam por uma perspectiva polifônica e mesmo politeísta, e a encontram em Melville, cujo simbolismo multifacetado inclui a baleia branca como deus politeísta (isso soa impenetrável, mas leia *Moby Dick* ou Dreyfus e Kelly e tudo será revelado). Ao contrário da distinção da filosofia monoteísta entre aparência externa e essência interna, como encontrada na religião do eu (e na distinção entre o eu interno e autêntico e a máscara externa), no politeísmo não há nível de realidade escondido por trás da aparência. Isso poderia ser uma ideia bastante influente em uma cultura como a nossa, que cultiva o autodesenvolvimento. E traz à mente Oscar Wilde, que argumentou, em *O retrato de Dorian Gray*, que somente pessoas superficiais não julgam com base no que é externo: "O verdadeiro mistério do mundo é o visível, não o invisível."[11] Frequentemente ouvimos que nossa cultura é superficial e só se concentra no exterior. Se Dreyfus, Kelly e Wilde estiverem certos, o oposto é verdadeiro: não somos suficientemente superficiais, e achamos que a realidade está escondida de nós. Mas, sob a superfície, no interior, não há nada, nenhuma autenticidade. A esta altura, tendo seguido seis dos sete passos do livro, isso deve estar bastante evidente.

7. PENSE NO PASSADO

Se você acha que as coisas estão ruins, lembre-se de que elas sempre podem piorar. E provavelmente vão. O passado, em contrapartida, tem a tendência de se tornar mais leve e atraente quanto mais se desvanece à distância. Quando alguém apresentar planos inovadores e "visões" para o futuro, diga que tudo era melhor nos velhos tempos. Explique que a ideia de "progresso" só tem algumas centenas de anos — e, na verdade, é destrutiva. Pratique repetir-se. Busque modelos que lançaram raízes. Insista em seu direito de permanecer imóvel.

A cultura acelerada está preocupada ao mesmo tempo com *o momento* e com *o futuro*, mas definitivamente não se preocupa muito com *o passado*. Técnicas psicológicas e de New Age como meditação e atenção plena tentam nos deixar mais presentes no momento. Na gestão e desenvolvimento organizacional, o conceito de *estar presente* de Otto Scharmer (o autor da infame teoria U) enfatiza a importância de prestar atenção ao que está acontecendo *agora*. Mas, ao mesmo tempo, o propósito dessa consciência intensificada do momento presente é aumentar nossa efetividade em um possível futuro. Temos de estar presentes *agora* para ter sucesso *amanhã*. O consultor de negócios Ankerhus escreveu sobre Scharmer e a teoria U:

> *Não podemos resolver os problemas fundamentais de nossa era com soluções que pertencem ao passado. Não podemos criar soluções novas e inovadoras para problemas organizacionais e sociais simplesmente repetindo os padrões do passado. Algo novo é necessário para que, individual e coletivamente, possamos nos mover para um campo no qual experimentemos nosso eu autêntico e aprendamos a identificar o que nos mantém presos a ideias e padrões de comportamento ultrapassados. É essa nova tecnologia social que Scharmer chama de "estar presente".*
>
> *Na jornada pelo U, aprendemos a enfrentar o futuro com a mente aberta, o coração aberto e a vontade aberta — e realizar nosso futuro potencial.*[1]

A teoria U é essencialmente o conceito de atenção plena aplicado à inovação organizacional. Parte da mensagem é que olhar para o passado significa que só vemos padrões ultrapassados que não funcionam hoje, e que é somente estando presentes no momento que experimentamos nosso "eu autêntico" (que você agora sabe ser um mito) e realizamos nosso potencial no futuro. O passado está fora de moda, o momento presente é a bola da vez. Ele é a chave para otimizar o futuro.

Se quiser ser atrevido, pergunte aos adeptos do momento quem está mais presente no aqui e agora. A resposta, claro, são os animais não humanos, que não carregam o fardo da capacidade cognitiva de se lembrar de fatos passados ou transferir o conhecimento adquirido pelas gerações anteriores para as novas gerações. Animais não humanos (e bebês) estão presentes no momento. O que distingue a humanidade certamente é nossa habilidade de transcender a conexão com o momento presente e, em um sentido único, recorrer ao passado. Por que se tornou tão fora de moda olhar para o passado? Bem, se a análise deste livro é válida, esse fenômeno está conectado à cultura acelerada, que, por definição, é orientada para o futuro e focada na produção constante de novas ideias. Há até mesmo empresas, instituições e consultores que se especializam em "estudos sobre o futuro", acreditando ser crucial notar as tendências a fim de se preparar para o que está à frente e ajudar a modelar o futuro. Na verdade, os futuristas estão mais preocupados com *criar* o futuro do que em pesquisá-lo. Eles vendem ideias e conceitos (a sociedade dos sonhos, a sociedade do ócio, a sociedade emocional e qualquer outro nome que tenha surgido ao longo dos anos) para seus clientes, que então se adaptam ao que lhes disseram estar na próxima esquina. A previsão então se torna verdadeira precisamente porque eles se prepararam para ela (e pagaram por ela). Estamos, de novo, atolados em um paradoxo: a maneira como nos preparamos para o futuro modela o futuro como reflexo da maneira como nos preparamos para ele! Se cientistas políticos nos dizem que precisamos reformar nossa economia para competir com os chineses nos mercados globais e nós aceitamos essa visão, é exatamente isso que acontece. Quando políticos dizem que não há alternativa ao *status quo* — ecoando a famosa doutrina TINA [*There Is No Alternative*, Não Há Alternativa, em tradução livre], de Margaret Thatcher —, isso se torna uma profecia autorrealizável se a maioria acredita nela. O teorema de Thomas, um postulado básico da sociologia, diz: "Se os homens definem situações como reais, elas são reais em suas consequências." É assim que os estudos sobre o futuro — e, de fato, toda a obsessão coletiva com o futuro — funcionam. Definir uma tendência específica como real significa que ela terá consequências reais para o (e no) futuro.

Esse tipo de pensamento levou o filósofo Simon Critchley (que já encontramos neste livro) a concluir que o foco maníaco no futuro e a eterna ideia de progresso são profundamente danosos: "Devemos, tão rigorosamente quanto possível, nos despojar dessa ideologia do futuro e desse culto ao progresso. A ideia de progresso tem poucos séculos e é realmente ruim. Quanto mais cedo nos livrarmos dela, melhor."[2] Deveríamos substituir o progresso pela repetição e aprender a pensar no passado. Essa é uma expressão mais exata de nossa humanidade e reflete uma atitude mais madura em relação à vida. Mas não é fácil. Crianças, adolescentes e animais olham para o futuro (como deveriam), e a memória humana é muito mais voltada para a frente do que para trás. A memória oferece a base sobre a qual agir em situações novas e desconhecidas; ela não é uma ferramenta para lembrar do passado por si mesmo.[3] Mas lembrar também é uma característica do ser humano adulto.

Recorremos ao passado e à nossa experiência para aprender a viver nossa vida (retornarei a isso a seguir) e desenvolver nossa cultura. Como disse Tom McCarthy em resposta ao comentário de Critchley: "Precisamos substituir o progresso pela repetição. O mundo seria muito mais saudável. Pense na Renascença. Renascença significa renascimento. O que eles fizeram foi dizer 'Olhe para aqueles gregos. Eles são incríveis!' [...] E as peças de Shakespeare: não se pretende nada de novo; ele está reescrevendo Ovídio ou copiando discursos do parlamento romano." Foi somente nos últimos séculos que passamos a perceber o novo e a olhar para o futuro como tendo qualidade em si mesmos. De fato, a maioria das coisas era melhor nos velhos tempos. Criamos uma cultura que recorre a visões, faz planos e realiza oficinas sobre o futuro, e é precisamente por essa razão que esquecemos os insights e as realizações do passado com muita facilidade. Conceitos como inovação e criatividade flutuam em discursos sobre organização e educação nos quais foi perdido qualquer senso de valor da repetição e do que já foi testado. Sempre nos dizem para "pensar fora da caixa". Felizmente, pesquisadores da criatividade menos influenciáveis indicaram que só faz sentido pensar fora da caixa se você sabe que *há* uma caixa (e do que ela é feita). Na maioria dos casos, provavelmente é mais sensato se equilibrar na beirada da caixa, fazendo modificações nas margens e improvisando a partir de temas comprovados.[4] O novo só faz sentido no horizonte de algo conhecido. Se você não sabe nada sobre o passado e suas tradições, é impossível criar algo novo que seja útil.

A IMPORTÂNCIA PESSOAL DO PASSADO

Quando consideramos essas questões em relação à nossa vida, encontramos ainda mais razões para pensar menos no futuro e lembrar do passado. Conhecer e ser capaz de lembrar do próprio passado é um pré-requisito para manter uma identidade relativamente estável e, por conseguinte, para nossos relacionamentos morais com os outros. Se queremos viver bem no sentido moral, é crucial que saibamos como refletir sobre nosso passado. Mark Twain disse que a consciência limpa é um sinal seguro de uma memória ruim. Reconhecer os erros do passado — e, é claro, lembrar-se deles sem permitir que se deteriorem e o atormentem — o ajudará a agir corretamente. Além dos ensinamentos morais encontrados em nossa história, também é importante para nosso autoentendimento pensar em nossa vida como algo que se estende para trás, no passado — onde encontramos as raízes de nossa identidade. No romance *Belos cavalos*, Cormac McCarthy escreve que as cicatrizes do corpo têm a capacidade de nos lembrar de que nosso passado é real. É uma antiga prática entre amigos e amantes estudar e comparar cicatrizes, pois elas oferecem evidências físicas claras sobre fatos passados e estabelecem uma ligação entre aqueles momentos e o agora. Talvez devêssemos introduzir sessões durante as quais os funcionários das organizações se reunissem e comparassem cicatrizes, aprendendo assim a pensar no passado, em vez de formular visões para o futuro?

Em relação à ambição deste livro de ajudá-lo a se manter firme, lembrar do passado talvez seja o passo mais importante. Conhecer seu passado é um pré-requisito para se manter firme, porque sem passado não há nada *sobre o que* se manter firme. Vários filósofos defenderam isso nos últimos anos, inclusive o já mencionado Charles Taylor, que acha que se concentrar no momento só é possível se você tem um passado com o qual se identificar. Quando chamados a responder perguntas como "Quem é você?" e "O que você quer?" (como somos constantemente encorajados a fazer na cultura terapêutica de desenvolvimento), é melhor dar uma resposta que articule nossa vida e nossas ações em uma perspectiva biográfica mais ampla do que fazer uma pausa e analisar o que sentimos no momento. A fim de saber quem somos, precisamos entender de onde viemos. O filósofo francês Paul Ricoeur, em sua obra seminal *O si--mesmo como outro*, tentou mostrar que as pessoas só podem ser morais, no sentido estrito da palavra, se forem capazes de se identificar com sua vida como um todo ou como algo que atravessa o tempo como um *continuum* e é mais bem entendido como uma história, uma narrativa coerente. Ele pergunta, retoricamente: "Como o sujeito de uma ação poderia dar um caráter ético a sua vida como um todo se essa vida não estivesse reunida de alguma maneira, e como isso poderia ser feito, senão na forma de narrativa?"[5]

Por que a "vida como um todo" é essencial para a moralidade ou a ética (que, nesse contexto, são sinônimos)? Porque, argumenta Ricoeur, se os outros não podem ter certeza de que serei amanhã como sou hoje e fui ontem, eles não têm razão para confiar em mim e acreditar que farei o que prometi e que cumpro minhas obrigações. E, se não conheço meu passado, se não faço meu melhor para estabelecer uma ligação entre o ontem, o hoje e o amanhã, os outros realmente não têm razões para confiar em mim. Se não tenho o que Ricoeur chama de "autoconstância", então ninguém, nem eu mesmo, pode contar comigo. A autoconstância — a integridade ou identidade pessoal — é uma condição básica para a confiança entre as pessoas e, consequentemente, para a vida ética. Só podemos fazer promessas e nos comprometer com ações conjuntas ao longo do tempo porque nos entendemos como os mesmos ao longo do tempo, porque temos uma identidade mais ou menos coerente. E só a temos porque somos capazes de ver nossa vida como uma narrativa singular, como uma história que se estende do nascimento à morte. Assim, temos de aprender a buscar a autoconstância em relação ao passado, e não o autodesenvolvimento em relação ao futuro. Muitos de nós conhecem pessoas que subitamente "se encontraram" e romperam laços com familiares e amigos, somente para se realizar em novos contextos ou do outro lado do mundo. É claro que uma mudança súbita em seu curso de vida pode ser legítima (se, por exemplo, você finalmente termina um relacionamento abusivo). No entanto, se sua motivação é somente a "autorrealização", então esse curso talvez seja moralmente questionável. Se o eu é encontrado nas relações vinculativas com outras pessoas e as questões moralmente significativas que as caracterizam — isto é, se ele *não é* uma coisa interna a ser realizada —, então a verdadeira autorrealização é consequência das interações éticas com outros.

Talvez o argumento possa ser refinado a ponto de afirmarmos que somente indivíduos com autoconstância sentem culpa e são capazes de ser morais (conforme a afirmação de Mark Twain de que a consciência limpa é um sinal seguro de uma memória ruim). Existe uma conexão intrínseca entre o sentimento de culpa e o conceito de promessa: ambos são fenômenos fundamentalmente humanos. Se não tivéssemos a habilidade de fazer promessas, os casamentos e outros relacionamentos de longo prazo baseados na fidelidade (talvez mesmo "até que a morte nos separe") seriam impossíveis. Tampouco seria possível participar de acordos e contratos de bens ou propriedades ("Prometo pagar amanhã"). A vida cotidiana não funcionaria, pois é baseada em promessas ("Vou lavar a louça"), grandes e pequenas, explícitas e implícitas. Nenhuma comunidade ou sociedade humana seria sustentável sem nossa habilidade fundamental de fazer e cumprir promessas. Fazer uma promessa é assegurar que aquilo que você diz que fará realmente será feito. E, se não for feito, a culpa o lembrará de sua falha. A culpa e a atribuição de culpa são respostas psicológicas às promessas quebradas, e exigem memória dos pecados passados. Se não conhecemos nosso passado, não podemos nos sentir culpados e agir no plano moral.

Há algo intensamente fundamental aqui e, portanto, talvez difícil de compreender. Estamos acostumados a pensar que "quem somos" é determinado essencialmente pelo eu interno ou por um conjunto de traços fixos de personalidade. Em vez disso, se meu raciocínio aqui é válido, "quem somos" é determinado por nossas promessas e obrigações para com os outros. Cumprir nossas obrigações não é somente uma tarefa, mas uma manifestação do que é importante na vida — e, basicamente, de quem somos. Nesse contexto, pensar no passado é essencial. Mas também é um processo necessariamente confuso. Nosso passado — tanto pessoal quanto cultural — não é uma história já pronta que pode ser assimilada de uma só vez. Estamos tão intrinsecamente entremeados a fatos e relacionamentos que nem sempre os entendemos. No entanto, é crucial (especialmente em termos morais) estabelecer ligações entre nosso passado, presente e futuro, e não apenas nos contentarmos em viver "totalmente presentes no momento". É também por isso que as (auto)biografias resumem de modo tão pobre a vida de uma pessoa. Como vimos no passo anterior, esse gênero é linear e individualista demais para retratar a vida em toda a sua deslumbrante complexidade. Pensar no passado oferece insights sobre a complexidade de sua vida e a maneira como ela está entrelaçada a todo tipo de processo social e histórico.

O QUE POSSO FAZER?

Se está convencido do valor de pensar no passado, há duas coisas que você pode fazer. Uma é buscar comunidades que sejam determinadas pelo passado. É difícil fazer algo que vá contra o *Zeitgeist*, então pode ser útil procurar pessoas de mentalidade parecida. Se não conseguir encontrar ninguém, terá de fazer o trabalho sozinho — mas falaremos mais disso em breve.

Assim como os indivíduos só entendem a si mesmos com base no conhecimento de seu passado — e de como esse passado está entremeado a múltiplos relacionamentos e obrigações —, uma comunidade é modelada pelo que sabe (ou, ao menos, pelo que seus membros sabem) sobre seu passado. Isso não significa que uma família ou associação deva concordar totalmente quanto ao que a caracteriza como comunidade ou quanto a sua história (isso é muito raro de acontecer). Mas tem de haver algum tipo de consenso mínimo entre os membros. O filósofo Alasdair MacIntyre desenvolveu o conceito de "tradições vivas", o qual sugere que as tradições são totalmente distintas do consenso e da simples repetição do passado. Ele define uma tradição viva como "um argumento historicamente continuado e socialmente personificado, um argumento precisamente sobre os valores que constituem a tradição".[6] Pode parecer estranho definir uma tradição como um "argumento" ao longo do tempo, mas isso sugere que qualquer tradição — como a cooperação política, as práticas educacionais ou a atividade artística — deve envolver uma discussão continuada sobre o que ela é e como legitimá-la ou modificá-la. As tradições não são monolíticas e imutáveis (com exceção das tradições mortas, é claro). Elas são vivas, dinâmicas e estão em constante movimento.

É quando participamos de tais tradições — na vida familiar, educação, trabalho, arte, esportes etc. — que nos tornamos pessoas. Só nos entendemos quando conhecemos as tradições das quais surgimos e no interior das quais vivemos nossa vida. Isso é bastante banal, mas frequentemente ignorado em nosso entusiasmo pelo futuro: sem tradições e sua história, nada tem sentido. Qualquer sentido e significado que uma ação ou produto cultural possa ter se baseia em práticas historicamente desenvolvidas. Assim, você deve pensar no passado para entender a si mesmo como um ser cultural e histórico. Somente então encontrará algo sobre o que se manter firme.

De acordo com o estoico Sêneca, aqueles que estão excessivamente ocupados não contemplam o passado: "Os que estão absortos, consequentemente, estão preocupados somente com o tempo presente, e ele é tão breve que não pode ser apreendido, e mesmo isso é retirado deles, distraídos como estão entre muitas coisas." Se quer estar em todos os lugares ao mesmo tempo, você não pode se manter firme em lugar algum. Disse Sêneca: "A mente que está despreocupada e tranquila tem o poder de vaguear por todas as partes da vida, mas a mente dos absortos, como se estivesse sob um jugo, não consegue se virar e olhar para trás. E então sua vida desaparece no abismo." A parte boa do passado, afirma ele, é que "todos os dias do passado surgirão quando você os convocar, se submeterão a seu chamado e aceitarão permanecer a sua mercê — uma coisa que os absortos não têm tempo para fazer".[7]

Assim, é importante pensar no próprio passado, mas também no passado da cultura em que você está inserido. E seria ainda melhor se você praticasse tradições vivas. Se, por exemplo, aprende um ofício ou a tocar um instrumento, você entende que isso só é possível porque essa prática específica tem uma longa história, que você ajuda a manter e a desenvolver sempre que recria aspectos dela. Praticar tradições vivas é se lembrar da profundidade histórica de nossa vida. Dessa maneira, você aprende que nem tudo se move necessariamente para a frente o tempo todo. Por exemplo, não é possível construir hoje violinos tão bons quanto os construídos na oficina de Stradivarius há mais de trezentos anos. Não somente não somos capazes de produzir instrumentos tão requintados, como também achamos difícil produzir *qualquer* tipo de objeto que dure por tanto tempo — e até mesmo melhore com o passar dos anos. Nosso foco no futuro é imediatista, frequentemente limitado ao tempo que temos de vida. Se algum dia tiver a sorte de segurar um Stradivarius, pense no virtuose que o construiu e nos muitos músicos talentosos que o tocaram ao longo dos séculos. É verdade que aqui estou lançando mão do pior tipo de conservadorismo banal, mas é difícil não fazer isso quando comparamos tal artesanato com os detritos em massa produzidos hoje. Se você não tiver a sorte de ter acesso a tradições vivas desse tipo e a comunidades com paixão pela arte ou pela música, ainda há algo que pode fazer. Como escrevi no preâmbulo deste capítulo, pratique repetir-se. Busque modelos que tenham lançado raízes. Insista em seu direito de permanecer imóvel. Pode ser bastante divertido, ao conversar com conhecidos entusiasmados que focam o futuro, insistir que tudo era melhor nos velhos tempos. É claro que isso não é inteiramente correto, mas pode servir como corretivo útil para o dogma oposto: o de que algo é necessariamente bom só porque é novo. Ou que podemos simplesmente "fazer um download" do que quer que precisemos no momento, sem dar valor ao passado. A repetição e a tradição têm grande valor e a inovação traz sérios problemas. No entanto, correndo o risco de confundir as coisas, quero acrescentar que, em um sentido mais profundo, toda repetição é inovadora. Eu frequentemente me repito, por exemplo, quando dou aulas ou faço palestras. Mas cada aula e cada palestra são um acontecimento único, com um próprio e único clima. E se você é pai de duas crianças, não reage ao nascimento da terceira dizendo "Ah, mais uma". Em certo sentido, nós nos repetimos quando temos filhos. Mas cada repetição (e filho) é única, demanda o mesmo cuidado e a mesma atenção e requer que respondamos apropriadamente a suas necessidades individuais e específicas. Ser pai é uma tradição viva. Bons pais (talvez seus pais?) podem servir como modelos existenciais firmemente "enraizados". É difícil imaginar algo mais importante do que um relacionamento vinculatório com indivíduos (filhos) pelos quais você é responsável. Quando se trata de responsabilidade em relação a outras pessoas, a estabilidade é mais importante que a mobilidade.

ALGUNS PENSAMENTOS FINAIS

Após ter percorrido os sete passos deste livro, você está mais bem posicionado para enfrentar a obrigatoriedade de desenvolvimento pessoal tão presente na cultura contemporânea. Você foi exposto a uma ampla variedade de conceitos que explicam os aspectos de nossa cultura que fazem tantos de nós sentirem uma vaga sensação de mal-estar e desconforto. Tenho a esperança de que você seja capaz de se distanciar criticamente da "cultura acelerada", que é cada vez mais presente e na qual a pessoa ideal é desconectada e relativamente desprovida de deveres e compromissos. Em outras palavras, alguém que priorizou a mobilidade em detrimento da estabilidade. Mais do que nunca, esse indivíduo é responsável por seu destino e sucesso na vida. Indivíduos fortes são o ideal. Pessoas que se conhecem, que colocam a si mesmas (e ao conceito de eu) em primeiro lugar, sabem como se sentem e empregam suas habilidades pessoais e emocionais, tanto no local de trabalho quanto na vida privada — incluindo a vida amorosa —, para atingir seus objetivos. Elas são deixadas para achar o próprio caminho na vida — e para quantificar o sucesso dessa empreitada a sua própria maneira — porque todas as respostas vêm de dentro. É precisamente por isso que existe um próspero mercado para a terapia, o coaching e o aconselhamento, projetado para torná-lo melhor em introspecção, positividade e autorrealização. Toda uma série de tecnologias de autodesenvolvimento foi institucionalizada em várias arenas sociais, incluindo as avaliações de desempenho e os cursos de desenvolvimento pessoal, isso sem mencionar toda a indústria de autoajuda.

Com sorte, ler este livro lhe ofereceu não somente uma linguagem com a qual entender essas tendências e verbalizar seu desconforto, mas também técnicas para ajudá-lo a se manter firme, em vez de se unir à eterna busca pelo desenvolvimento pessoal. Você aprendeu o valor de passar menos tempo na introversão, a focar mais o negativo, a vestir o chapéu do Não, a reprimir seus sentimentos, a demitir seu coach (e outros gurus do autodesenvolvimento), a substituir a literatura de autoajuda pelos romances e a pensar no passado e não no futuro. Sei que pintei um retrato bastante negativo em minha tentativa de me contrapor às tendências de desenvolvimento coercivo. De fato, minha visão alternativa corre o risco de ser distorcida tão facilmente quanto a celebração positiva do eu, a vida emocional interna, a autenticidade, o chapéu do Sim e o autodesenvolvimento. Minha esperança é que apresentar um contraponto dessa maneira ilumine o absurdo da cultura acelerada e de sua sabedoria prevalente. *É absurdo* ser eternamente móvel, positivo e focado no futuro, colocando o eu no centro de tudo na vida. Não somente é absurdo, como também traz consequências negativas para os relacionamentos interpessoais, uma vez que as outras pessoas são rapidamente reduzidas a instrumentos a serem usados pelo indivíduo em sua busca pelo sucesso, em vez de serem um fim em si mesmas, para com quem temos obrigações morais. Mas admito livremente que também seria absurdo ser *sempre* negativo, sempre vestir o chapéu do Não e reprimir seus sentimentos.

Em resumo, meu ponto de vista é bastante pragmático: nada é sempre 100% bom. Com exceção de ideias gerais, autoevidentes e bastante abstratas (como cumprir seu dever),[8] provavelmente não existe verdade absoluta quando se trata de ideias éticas ou filosofias de vida. Esta é a própria essência do pragmatismo: as ideias são ferramentas desenvolvidas para solucionar os problemas da vida. Se os problemas mudam, as ferramentas intelectuais usadas para solucioná-los também devem mudar.[9] Um dos pontos de partida deste livro é que os problemas associados à vida *mudaram* no último meio século. O problema básico costumava ser que a vida era excessivamente rígida: a estabilidade era celebrada, não a mobilidade. Agora, ela é excessivamente flexível. No Passo Quatro, discuti a diferença entre a *cultura da proibição* do passado (na qual a moralidade girava em torno de um conjunto de regras que você *não* devia quebrar) e a *cultura de comandos* contemporânea (na qual o *éthos* básico pede desenvolvimento, adaptação e flexibilidade). Antigamente, o problema era *querer* demais. Agora, o problema é que nunca seremos capazes de *fazer* o suficiente em uma sociedade que exige constantemente que façamos mais e mais.

Economistas e ambientalistas regularmente discutem se há "limites para o crescimento". Bem, o mesmo se aplica às questões humanas e psicológicas. Existe um limite para quanto crescimento e desenvolvimento é bom para as pessoas? Minha resposta, evidentemente, é sim. O negativismo deste livro — sua relação de antítese com tudo o que está relacionado ao desenvolvimento e à positividade — é, em minha opinião, justificado na era de uma filosofia de crescimento onipresente e descontrolada. O que espero conseguir com este livro, acima de tudo, é martelar a ideia de que a dúvida é uma virtude legítima e necessária na sociedade moderna. A dúvida sobre se o eu pode e deve ser o ponto focal da vida. A dúvida sobre se o (auto)desenvolvimento é bom. A dúvida sobre se a ideologia prevalente é positiva para as pessoas.

É lógico que, se aceitamos a dúvida como virtude, então ela deve se aplicar também às recomendações feitas neste livro. Minha principal dúvida é se, na realidade, a alternativa negativista não aceita tacitamente a premissa que pretende contestar. Não há o risco de aumentarmos o fardo já depositado nos ombros dos indivíduos ao incentivá-los a também darem esses sete passos? Essa é uma preocupação legítima, mas minha esperança é que, ao inverter a lógica da mania do autodesenvolvimento, o livro enfatize como ela é absurda. É seguro dizer que o pensamento positivo ou negativo, sozinho, não solucionará os grandes problemas enfrentados pelo planeta. Mesmo assim, acho que a reflexão estoica age como um tônico refrescante quando enfrentamos o consumismo desenfreado e o desenvolvimento coercivo. No entanto, para usar uma analogia médica, ela só trata os sintomas. Outros tipos de discussão (política, econômica etc.) são necessários se quisermos curar os principais males dos nossos tempos (como as crises globais da economia e do meio ambiente) e nos livrar do paradigma de crescimento associado a eles. Espero que este livro tenha sido útil para você, como uma pequena parte de uma discussão muito maior.

APÊNDICE: ESTOICISMO

Este livro se refere frequentemente ao estoicismo romano. Em muitas instâncias, enfatizei o que acredito serem excelentes exemplos do claro pensamento estoico de Marco Aurélio, Epiteto e Sêneca. A essa altura, espero que você já tenha entendido que meu relacionamento com o estoicismo (por mais que eu admire esses filósofos particulares) é puramente pragmático. Em outras palavras, não acho que seja frutífero perguntar se o estoicismo é *verdadeiro* no sentido absoluto — em todos os tempos e lugares —, mas acho que devemos considerar se ele é *útil* à luz dos problemas que enfrentamos em nosso tempo. Como "filosofia antiautoajuda", definitivamente acho que ele é útil, parcialmente porque enfatiza o autocontrole, o senso de dever, a integridade, a dignidade, a paz de espírito e a disposição para aceitar (em vez de encontrar) a si mesmo. Ele também é útil porque vários estoicos estavam preocupados em inserir a filosofia na vida cotidiana, por meio das técnicas já mencionadas, incluindo a visualização negativa (a ideia de perder o que você tem) e a visualização projetiva (ganhar perspectiva ao imaginar suas experiências ocorrendo com outras pessoas). Os estoicos davam muita ênfase à razão e acreditavam que a mais profunda alegria da vida era conquistada ao se enfrentar a inevitabilidade de frente e sem hesitar — em particular, o fato de que a vida é finita e de que *todos nós* morreremos.

Fundamentalmente, os seres humanos são vulneráveis, e não indivíduos fortes e autossuficientes. Nascemos como bebês indefesos; frequentemente ficamos doentes; envelhecemos, às vezes desamparados; e, por fim, morremos. Essas são as realidades básicas da vida. No entanto, grande parte da filosofia e da ética ocidentais se baseia na ideia de um indivíduo forte e autônomo, à custa de nossa fragilidade e vulnerabilidade, que foram praticamente esquecidas.[1] O ponto de partida do estoicismo é a noção de *memento mori*, associada à disposição social e ao senso de dever. Afinal, embora sejamos vulneráveis e mortais, somos essas coisas *juntos*. Essa percepção deveria despertar um sentimento de solidariedade e nos encorajar a cuidar de nossos irmãos humanos. A esperança é que este guia de sete passos o ajude a cumprir seu dever. Fundamentalmente, a vida não deveria ser dedicada a atividades triviais ou a crises adolescentes de identidade (embora elas possam ser apropriadas em certos estágios da vida), mas a cumprir nosso dever. O estoicismo é útil porque, mais que qualquer outra filosofia que conheço, tem em seu centro a implementação *prática*. O livro pode ter aberto seu apetite e o deixado com vontade de conhecer mais sobre o pensamento por trás do estoicismo, então vou concluir com uma breve introdução aos principais estoicos e suas ideias.

ESTOICISMO GREGO

O estoicismo romano é mais conhecido e foi a forma mencionada neste livro, mas o estoicismo nasceu na Grécia Antiga, como uma de muitas escolas rivais de filosofia. Essas escolas estavam relacionadas, de várias maneiras, aos sistemas básicos idealizados por Platão e Aristóteles, e refinaram muitas das ideias defendidas pelos pais da filosofia, transformando-as em filosofias práticas de vida. Acredita-se que o primeiro estoico tenha sido Zenão de Cítio (333-261 a.C.). Ele saiu de Chipre em direção a Atenas após um naufrágio, e por acaso conheceu Crates de Tebas, que fazia parte da escola cínica. Na época, o cinismo tinha um significado muito diferente do atual. Na Grécia, os cínicos queriam se libertar da dependência do mundo material, com sua luxúria e os símbolos de status. Eles vagueavam pela região em um estado autoimposto de pobreza e ascetismo. O cínico mais notório foi Diógenes de Sinope, que vivia famosamente em um barril, completamente indiferente às convenções e ambições normais.[2]

Zenão foi aluno de Crates, mas ficou cada vez mais interessado por ideias teóricas, em detrimento das práticas ascéticas bastante extremas dos cínicos. Ele moldou a forma original do estoicismo como filosofia prática *e* teórica. *Estoicismo* vem da palavra grega para "pórtico", *stoikos*, já que os estoicos se reuniam e ensinavam em um lugar de Atenas chamado *Stoa poikile*, "Pórtico Pintado". Assim, o estoicismo foi nomeado graças a um local da cidade de Atenas. Ele deriva do ascetismo cínico, com adaptações. Zenão — e estoicos posteriores — não renunciou às coisas boas da vida. Ele só indicou o valor de estar preparado para um dia perdê-las. A ideia era que não havia nada de errado com a boa comida e uma casa confortável, desde que você não se tornasse dependente delas. Zenão também ligou a filosofia prática, incluindo a ética, a disciplinas mais teóricas e científicas, como a lógica e a física (que, naqueles dias, era parente da cosmologia). Isso enfatiza a preocupação do estoicismo com os humanos como seres racionais; em outras palavras, como seres que têm impulsos e instintos, mas são capazes de agir racionalmente, ou seja, são capazes de refrear seus impulsos e domar seus instintos sempre que for prudente agir assim. E agir assim quase sempre é prudente na busca pela boa vida. Uma boa vida é o propósito último do estoicismo de Zenão (assim como dos estoicos posteriores). No entanto, o termo tinha um sentido completamente diferente na época. Hoje o conceito usualmente está associado a uma forma de hedonismo, à filosofia dos desejos, a uma vida de experiências positivas, empolgantes e variadas. Para os estoicos gregos, a boa vida — *eudaimonia*, em grego — era uma vida *virtuosa*, que seguia os princípios da ética. Ao viver a vida dessa maneira, as pessoas floresciam no verdadeiro sentido da palavra e realizavam sua humanidade.

Para os estoicos, a "virtude" não estava relacionada aos costumes sexuais (como ocorre atualmente quando as pessoas usam termos arcaicos como "mulher virtuosa"). As virtudes consistiam em características as quais permitiam que as pessoas vivessem em harmonia com sua natureza. Dessa maneira, o conceito de virtude pode ser aplicado a todas as criaturas vivas — e, essencialmente, a tudo que tem função. A virtude da faca é cortar. Uma faca que corta bem é uma boa faca. A virtude do coração é bombear sangue para o corpo. Um coração que bombeia bem é um bom coração. Similarmente, você é um bom ser humano se faz o que está em sua natureza. Mas o que está em sua natureza? Aqui, os estoicos seguiram Platão e Aristóteles e determinaram que a função da humanidade é usar a razão. Seu pensamento estava baseado na crença de que nenhuma outra criatura viva possui qualquer coisa parecida com a razão humana. Somos capazes de pensar e falar, raciocinando logicamente e criando princípios (leis) para as relações sociais. Isso nos distancia de nossos impulsos biológicos e, em certa extensão, os suprime. Até onde sabemos, nenhum outro animal é capaz disso — de fato, nem mesmo os seres humanos são capazes disso na mesma medida. Contudo, ao praticar as virtudes, você domina seus impulsos e pode até mesmo se tornar um sábio estoico, servindo de exemplo para os outros. Os estoicos veem a capacidade de aplicar a razão como fator que torna possível cumprirmos nossos deveres, já que identificamos com mais clareza o curso de ação moralmente correto em qualquer situação específica. Instintos ou emoções egoístas não nos cegam. A razão, portanto, é tanto teórica (quando usada em disciplinas como a lógica ou a astronomia) quanto prática (quando orientada para a boa vida, tanto individual quanto coletivamente). Os seres humanos são animais racionais (*zoon politikon*, como Aristóteles os chamou) — em outras palavras, seres sociais capazes de construir uma ordem social racional, especialmente por meio da legislação.

Quando Zenão morreu, Cleantes de Assos (331-232 a.C.) se tornou líder da escola estoica. Ele, por sua vez, foi substituído pelo mais conhecido Crisipo de Solos (282-206 a.C.), que muito fez para transformar o estoicismo em uma filosofia de vida popular. Após sua morte, o pensamento estoico chegou a Roma (por volta de 140 a.C.), quando Panécio de Rodes (185-110 a.C.) fundou o estoicismo romano e se tornou amigo de conhecidas figuras romanas, como Cipião Africano Menor (um dos mais famosos comandantes militares da história, que venceu Aníbal, entre outros). É uma característica única do estoicismo como filosofia o fato de ter encontrado tantos adeptos nos altos escalões da sociedade. Isso é particularmente verdadeiro no caso de Marco Aurélio, o famoso filósofo-imperador romano. Quando o estoicismo chegou a Roma, a ênfase grega estava na importância da virtude, enquanto a paz de espírito era uma preocupação secundária. Os estoicos romanos também estavam preocupados com a virtude e o cumprimento do dever, mas consideravam a paz de espírito um pré-requisito para isso. Você não pode cumprir seu dever sem paz de espírito, e, desse modo, ela era vista como parte da estrada para a virtude.

Parte da transição do estoicismo grego para o romano foi o declínio do interesse na lógica e na física. Os estoicos gregos pensavam no mundo como uma unidade coesa, um cosmos. Em termos filosóficos, eram monistas, isto é, acreditavam que tudo era composto pela mesma substância. Isso também se aplicava a sua psicologia (suas considerações sobre a natureza da alma). Nisso, o estoicismo estava alinhado à ciência moderna, que abandonou a ideia de que havia substâncias essencialmente diferentes no mundo (como alma *versus* corpo), embora o pensamento estoico fosse ocasionalmente ambíguo a respeito. Em contrapartida, a ciência moderna — com o que quero dizer a visão de mundo científica que começou a emergir com Galileu e seus pares no início do século XVII e, mais tarde, com Newton — apresentava muitos desafios para o estoicismo, incluindo a insistência estoica de que os seres humanos tinham um propósito derivado de sua natureza. A ciência moderna, mecânica, rejeitava as ideias gregas de propósito, sentido e valor na natureza. Em vez disso, a natureza era vista como um sistema mecânico que funcionava de acordo com certos princípios de causa e efeito, conforme formulados nas leis naturais. Como disse Galileu, "o Livro da Natureza foi escrito na linguagem da matemática". Na medida em que *existiam* propósito, significado e valor, eles eram projeções puramente psicológicas sobre uma natureza que, em si mesma, era desprovida de tais características. Sem me aprofundar, é aí que encontramos a inovação da ciência natural que — para citar a famosa frase do sociólogo Max Weber — "desencanta o mundo" ao mesmo tempo que "reencanta" a mente humana. É aqui que nós, em nossa era da modernidade, devemos buscar os aspectos essenciais da vida, isto é, éticas e valores. No entanto, também há um preço a pagar: esses aspectos são subjetivos e tendem ao psicológico, o que leva à ideia de importância do que está dentro de você e à religião do eu, como a chamei neste livro. Quando o "mundo externo", como sistema puramente mecânico, mostra-se incapaz de fornecer respostas às grandes questões da vida, temos de santificar o "mundo interno".[3]

O estoicismo nos dá a oportunidade de "reencantar" o mundo (e não somente o misterioso "mundo interno") e, desse modo, elimina a necessidade de buscarmos freneticamente respostas dentro de nós mesmos. É claro que não podemos simplesmente copiar a cosmologia desenvolvida há 2.500 anos na Grécia Antiga. Precisamos trabalhar em nosso entendimento de como o "exterior" indica o caminho a seguir para os seres humanos. A mensagem central deste livro — que, nesse sentido, está alinhado com o estoicismo — é a de que, ao olhar para as tradições, práticas sociais e relacionamentos dos quais fazemos parte, e para os deveres que surgem deles, podemos readquirir a habilidade de abordar questões sobre o sentido e o valor da vida. No entanto, isso exige que renunciemos a nossa desesperada preocupação com o interno e o autodesenvolvimento e, em vez disso, aprendamos a nos conectar, de maneiras mais adequadas e significativas, com os relacionamentos preexistentes em nossa vida. Ao refletir dessa maneira, podemos ser capazes de cumprir nossos deveres, ter uma vida mais virtuosa (no sentido estoico), com mais paz de espírito e até mesmo a reconfortante noção de que tudo faz sentido.

Mas voltemos à história do estoicismo e ao que aconteceu quando ele chegou a Roma.

ESTOICISMO ROMANO

A maioria dos filósofos e historiadores das ideias considera Sêneca, Epiteto e Marco Aurélio os principais estoicos romanos. Sêneca talvez seja o melhor escritor entre eles. Ele nasceu por volta de 4 a.C. em Córdoba, na Espanha, e se tornou um comerciante extremamente bem-sucedido em Roma, onde também foi senador. A riqueza pode ajudar a explicar sua indicação como conselheiro do imperador Nero. No ano 41, após intrigas políticas, que não eram incomuns naquele tempo, ele foi exilado para Córsega e destituído de seu patrimônio devido a uma (provavelmente falsa) acusação de relacionamento sexual com a sobrinha do então imperador Cláudio. Em Córsega, teve tempo para mergulhar na filosofia e desenvolver seu pensamento estoico. Após oito anos, foi perdoado e retornou a Roma, onde se tornou professor de Nero e, mais tarde, seu conselheiro. Sêneca cometeu suicídio em 65 d.C. por ordem de Nero (que achava que o filósofo conspirava contra ele). Com exceção da de Sócrates, a morte de Sêneca provavelmente é a mais misteriosa da história da filosofia. Diz-se que primeiro ele cortou os pulsos e então bebeu veneno, mas não morreu. Depois, seus amigos o levaram para a sauna, onde ele sufocou e finalmente cumpriu seu intento.

Os textos de Sêneca — que citei várias vezes neste livro — são excepcionalmente práticos e diretos. Eles consistem, principalmente, em cartas a amigos e conhecidos dando conselhos e instruções sobre como viver, e sempre levam em consideração a brevidade da vida. Se um leitor moderno perguntasse a Sêneca como aproveitar ao máximo sua curta vida, a resposta não seria viver o maior número possível de experiências, mas levar uma vida serena, com paz de espírito e as emoções negativas sob controle. Os textos de Sêneca refletem uma abordagem da humanidade que lembra aquela pregada, mais contemporaneamente, por Jesus de Nazaré. Assim, não surpreende que seus pensamentos com frequência tenham sido comparados aos preceitos do cristianismo (embora sem os aspectos metafísicos deste último). Sêneca escreveu, por exemplo: "Para evitar o perigo com os indivíduos, você deve perdoar todo o grupo, você deve perdoar toda a raça humana."[4]

Epiteto foi escravizado ao nascer por volta do ano 55 da era cristã. Ele pertencia ao secretário do imperador e, por isso, provavelmente foi exposto à vida intelectual da corte. Depois da morte de Nero, recebeu a liberdade, em uma ocorrência não inteiramente incomum entre pessoas escravizadas consideradas educadas e inteligentes. Ele partiu de Roma e fundou uma escola de filosofia em Nicópolis, no oeste da Grécia. Irvine diz que Epiteto queria que seus estudantes se sentissem mal ao ir embora da escola, como se tivessem visitado o médico e recebido más notícias.[5] Ser introduzido no pensamento estoico e aprender a refletir sobre a brevidade da vida não era nada divertido! Como Sêneca, Epiteto foi extremamente prático em seus textos sobre a filosofia da vida. Ele descreveu todo tipo de situação — de insultos a pessoas escravizadas incompetentes — e deu conselhos sobre como lidar com elas. Como os outros estoicos, ele defendia que era preciso viver com paz de espírito e dignidade, mesmo em tempos de adversidade. Isso era obtido vivendo com base na razão, o elemento essencial da natureza humana. Por exemplo, Epiteto aplicou a razão para distinguir entre o que é possível e impossível de controlar. Em essência, você deve se preparar para o incontrolável (o clima, as flutuações econômicas, sua mortalidade), mas é perda de tempo se preocupar com isso ou temê-lo. Você deve treinar a si mesmo para abordar ativamente as coisas a respeito das quais pode fazer algo (como se tornar um ser humano mais generoso). Tudo o que é necessário para distinguir uma coisa da outra é um pouco de razão.

Marco Aurélio (121-180) é conhecido como o imperador-filósofo. Desde a infância ele esteve interessado em filosofia e questões intelectuais. Manteve esse interesse na vida adulta e frequentemente passava tempo pensando e escrevendo, mesmo durante as campanhas em partes remotas do Império Romano. Marco Aurélio foi um dos imperadores mais humanos da história de Roma — talvez o melhor deles. Ao contrário da maioria dos soberanos, não estava interessado em ganho pessoal e fazia uma abordagem parcimoniosa da política. Para financiar guerras, por exemplo, ele preferia vender posses imperiais a aumentar os impostos. O historiador romano Dião Cássio escreveu que Marco Aurélio não mudou desde seus primeiros dias na política (como conselheiro de Antonino Pio até a morte deste). Em outras palavras, ele se manteve firme em sua integridade e consistentemente navegava pela vida com base em suas ideias de bem e mal. Ele morreu de uma doença no ano de 180, e os cidadãos e soldados de Roma lamentaram a perda. Contudo, sua existência e sua morte não levaram a qualquer grande interesse pelo estoicismo, já que na maior parte do tempo ele mantinha sua filosofia de vida para si mesmo. Sua obra mais famosa, *Meditações*, também é chamada de "Para si mesmo", e só foi publicada após sua morte.

Outro romano merece ser mencionado, embora não seja um estoico no sentido estrito. Cícero (106-143) é inescapável no pensamento e na literatura latina. Ele foi político e esteve envolvido nos violentos acontecimentos que cercaram a morte de Júlio César. Sua subsequente oposição a Marco Antônio lhe custou a vida. Em suas cartas e em outros textos, Cícero se refere aos estoicos como "aliados" e cita a declaração de Sócrates de que a filosofia é o exercício de morrer bem. Os principais temas de Cícero eram a boa vida e a boa morte, mas ele também estava preocupado com o bem público. Sua obra-prima talvez seja *De Officiis* [Sobre os deveres], na qual pergunta — com base na concepção aristotélica de que o homem é um animal racional e político — quais deveres estão especificamente associados ao fato de sermos humanos. Se você quer ter um insight sobre alguns dos melhores textos políticos da história, recomendo *On Living and Dying Well* [Sobre viver e morrer bem, em tradução livre], uma coleção de cartas e discursos nos quais Cícero aborda temas que incluem o medo da morte, a amizade e os deveres.[6]

Em tempos modernos, uma das análises mais perspicazes do estoicismo como filosofia prática foi escrita pelo historiador da filosofia Pierre Hadot. Ele tentou resumir as principais ideias do estoicismo em suas diferentes formas e chegou a quatro pontos-chave: 1) a consciência estoica do fato de que nenhum ser está sozinho, de que somos parte de um todo maior (o cosmo); 2) todo mal é um mal moral, e, consequentemente, a consciência moral pura é importante; 3) a crença no valor absoluto do ser humano (da qual se origina a ideia de direitos humanos); e 4) o foco no momento presente (viver como se estivéssemos vendo o mundo pela primeira e última vez).[7] Os quatro pontos de Hadot também ajudam a explicar a aplicação seletiva do estoicismo neste livro. De muitas maneiras, os três primeiros pontos resumem a visão do livro sobre a humanidade — com foco nos humanos como seres relacionais e morais com valor intrínseco. Em contrapartida, não usei, mas indiretamente critiquei, a ênfase dos estoicos na importância do momento. Não acredito que a humanidade viva principalmente no momento, mas no tempo como uma estrutura extensa e contínua. O foco no presente e no poder do indivíduo para determinar como será afetado pelo que acontece *agora* se parece muito com a atual onda de autodesenvolvimento ("Você pode escolher ser feliz *agora*!"). Em minha visão, isso dá ao indivíduo uma responsabilidade grande demais pela maneira como encontra o mundo. Não acredito que possamos escolher livremente como seremos afetados pelo presente. Na extensão em que isso é um ideal estoico, eu diria que o estoicismo deve ser desafiado. Somos, em uma extensão muito maior do que os estoicos teriam aceitado, impotentes — e, de fato, perceber isso pode ser uma fonte de solidariedade entre as pessoas.

Embora este livro não represente uma defesa acrítica da filosofia estoica, acredito que — para aqueles que acham confusa a onda de crescimento pessoal coercivo, com sua mania descontrolada pelo desenvolvimento em si — é edificante descobrir que, há mais de dois mil anos, pensadores desenvolveram uma filosofia frutífera e reflexiva que nos ensina como nos mantermos firmes. Simplesmente estar consciente dessa tradição e de práticas similares o preparará melhor para a vida na cultura acelerada. Você vai obter conforto do fato de que existe uma alternativa à busca eterna pela positividade, o autodesenvolvimento e a autenticidade, uma alternativa que enfatiza que as melhores coisas sobre os seres humanos são nosso senso de dever, nossa paz de espírito e nossa dignidade. Acredito que grande parte da visão humanista estoica deveria ser ressuscitada no século XXI, agora que precisamos, mais do que nunca, aprender a nos mantermos firmes — juntos.

NOTAS

INTRODUÇÃO: A VIDA NA PISTA DE ALTA VELOCIDADE

1. Essa metáfora foi introduzida pelo sociólogo Zygmunt Bauman. Veja seu livro *Modernidade líquida* (Zahar, 2001) e numerosas obras posteriores que analisam o amor, o medo, a cultura e a própria vida à luz do conceito de "liquidez".
2. Analisei isso no artigo "Identity as Self-interpretation", *Theory & Psychology*, 18 (2008), p. 405-23.
3. Isso é demonstrado pelo sociólogo Hartmut Rosa nos livros *Alienation and Acceleration: Towards a Critical Theory of Late-Modern Temporality* (NSU Press, 2010) e *Social Acceleration: A New Theory of Modernity* (Columbia University Press, 2015).
4. Anders Petersen descreveu isso muitas vezes, por exemplo, no artigo "Authentic Self-realization and Depression", *International Sociology*, 26 (2011), p. 5-24.
5. Anthony Giddens introduziu o conceito de relacionamento puro em *Modernindade e identidade* (Zahar, 2002).
6. Esse tema foi abordado em profundidade em *Det diagnosticerede liv — sygdom uden grænser*, editado por mim (Klim, 2010).

7. Ver *Tempos líquidos* (Zahar, 2007), de Zygmunt Bauman.
8. Ver seu livro *The Wellness Syndrome* (Polity Press, 2015).
9. Para uma introdução acessível que enfatiza o lado prático do estoicismo, ver *A Guide to the Good Life: The Ancient Art of Stoic Joy* (Oxford University Press, 2009), de William B. Irvine.

CAPÍTULO 1: PARE DE OLHAR PARA O PRÓPRIO UMBIGO

1. http://www.telegraph.co.uk/finance/businessclub/management-advice/10874799/Gut-feeling-still-king-in-business-decisions.html.
2. http://www.femina.dk/sundhed/selvudvikling/5-trin-til-finde-din-mavefornemmelse.
3. Ver o artigo de Philip Cushman "Why the Self is Empty", *American Psychologist*, 45 (1990), p. 599-611.
4. Søren Kierkegaard, *Either/Or*, Parte II (Gyldendals Book Club, 1995), p. 173.
5. Analisado pelo dr. Arthur Barsky no artigo "The Paradox of Health", *New England Journal of Medicine*, 318 (1988), p. 414-18.
6. Ver http://www.information.dk/498463.
7. Honneth afirma isso em várias obras, com a inclusão do artigo "Organized Self-realization", *European Journal of Social Theory*, 7 (2004), p. 463-78.
8. Para uma análise dessa tendência, ver Luc Boltanski e Eve Chiapello, *The New Spirit of Capitalism* (Verso, 2005).
9. Richard Sennett demonstrou isso em vários livros. O mais conhecido é *A corrosão do caráter: Consequências pessoais do trabalho no novo capitalismo* (Record, 2015). A natureza geradora de paradoxos do capitalismo tardio é analisada por Martin

Hartmann e Axel Honneth no artigo "Paradoxes of Capitalism", *Constellations*, 13 (2006), p. 41-58.
10. Jean-Jacques Rousseau, *Confissões* (1782).
11. Irvine, *A Guide to the Good Life*, especialmente o capítulo 7.

CAPÍTULO 2: CONCENTRE-SE NOS ASPECTOS NEGATIVOS DA VIDA

1. Como no artigo "The Tyranny of the Positive Attitude in America: Observation and Speculation", *Journal of Clinical Psychology*, 58 (2002), p. 965-92.
2. Isso foi notado — e criticado — por Barbara Ehrenreich no livro *Bright-sided: How the Relentless Promotion of Positive Thinking has Undermined America* (Metropolitan Books, 2009).
3. Ver um interessante post em http://www.madinamerica.com/2013/12/10-ways-mental-health-professionals-increase-misery-suffering-people.
4. Falei da psicologia positiva com muito mais detalhes no capítulo "Den positive psykologis filosofi: Historik og kritik" no livro *Positiv psykologi — en introduktion til videnskaben om velvære og optimale processer*, organizado por Simon Nørby e Anders Myszak (Hans Reitzels, 2008). O livro mais famoso de Seligman é *Felicidade autêntica* (Objetiva, 2004).
5. Ver Rasmus Willig, *Kritikkens U-vending* (Hans Reitzels, 2013).
6. O artigo *Berlingske Tidende* está disponível online (em dinamarquês): http://www.b.dk/personlig-udvikling/positiv-psykologi-er-ikke-altid-lykken.
7. Traduzido de http://www.lederweb.dk/Personale/Medarbejdersamtaler-MUS/Artikel/79932/Vardsattende-medarbejderudviklingssamtaler.

8. Barbara Held, *Stop Smiling, Start Kvetching* (St. Martin's Griffin, 2001).
9. A citação foi traduzida do livro de autoajuda de Irene Oestrich, *Bedre selvværd: 10 trin til at styrke din indre GPS* (Politiken, 2013), p. 193.
10. Ver Irvine, *A Guide to the Good Life*, p. 69.
11. Sêneca, *Livsfilosofi* (seleção das cartas morais de Sêneca feita por Mogens Hindsberger) (Gyldendal, 1980), p. 64.
12. Isso foi discutido por Oliver Burkeman em *The Antidote: Happiness for People Who Can't Stand Positive Thinking* (Canongate, 2012).
13. Citado de Simon Critchley, *How to Stop Living and Start Worrying* (Polity Press, 2010), p. 52.

CAPÍTULO 3: VISTA O CHAPÉU DO NÃO

1. Per Schultz Jørgensen, *Styrk dit barns karakter — et forsvar for børn, barndom og karakterdannelse* (Kristeligt Dagblads Forlag, 2014), p. 75.
2. http://www.toddhenry.com/living/learning-to-say-yes.
3. Anders Fogh Jensen, *Projektsamfundet* (Aarhus University Press, 2009).
4. Critchley, *How to Stop Living and Start Worrying*, p. 34.
5. Nils Christie, *Small Words for Big Questions* (Mindspace, 2012), p. 45. Obrigado a Allan Holmgren por chamar minha atenção para esse excelente livrinho.
6. Por exemplo, no livro *Contingency, Irony and Solidarity* (Cambridge University Press, 1989).
7. Hannah Arendt, *A condição humana* (Forense, 2010).

CAPÍTULO 4: REPRIMA SEUS SENTIMENTOS

1. Esse é um tema importante nos textos de Søren Kierkegaard. Por exemplo, em *O desespero humano*, o eu é definido como um relacionamento que se relaciona consigo mesmo. Juntamente com o psicólogo norueguês Ole Jacob Madsen, descrevi a psicologia inserida na história do Gênese no artigo "Lost in Paradise: Paradise Hotel and the Showcase of Shamelessness", *Cultural Studies — Critical Methodologies*, 12 (2012), p. 459-67.
2. Uma boa fonte é seu livro *Tempos líquidos* (Zahar, 2007).
3. http://coach.dk/indlaeg-om-coaching-og-personlig-udvikling/lever-du-et-passioneret-liv/350.
4. Seu livro sobre o tema se chama *Cold Intimacies: The Making of Emotional Capitalism* (Polity Press, 2007).
5. Arlie Russell Hochschild descreveu esse trabalho emocional em *The Managed Heart: Commercialization of Human Feeling* (University of California Press, 1983).
6. Richard Sennett, *O declínio do homem público: As tiranias da intimidade* (Record, 2015, originalmente 1977).
7. E. Harburg et al., "Expressive/Suppressive Anger Coping Responses, Gender, and Types of Mortality: A 17-Year Follow-Up", *Psychosomatic Medicine*, 65 (2003), p. 588-97.
8. C. H. Sommers e S. Satel, *One Nation Under Therapy: How the Helping Culture is Eroding Self-Reliance* (St. Martin's Press, 2005), p. 7.
9. Ver R. Baumeister et al., "Does High Self-esteem Cause Better Performance, Interpersonal Success, Happiness, or Healthier Lifestyles?", *Psychological Science in the Public Interest*, 4 (2003), p. 1-44.

10. Essa pesquisa é discutida em *Stop Smiling, Start Kvetching*, de Barbara Held.
11. Sêneca, *Om vrede, om mildhed, om sindsro* (Gyldendal, 1975).
12. O exemplo é mencionado em Irvine, *A Guide to the Good Life*, p. 79.

CAPÍTULO 5: DEMITA SEU COACH

1. Essa análise é baseada em meu artigo "Coachificeringen af tilværelsen", *Dansk Pædagogisk Tidsskrift*, 3 (2009), p. 4-11.
2. Os sociólogos da religião há muito usam termos como "eu sacralizado" para identificar a santificação do eu em práticas contemporâneas como a terapia, o coaching e o pensamento New Age. Ver, por exemplo, Jacob Ole Madsen, *Det er innover vi må gå* (Universitetsforlaget, 2014), p. 101.
3. Esse foi um dos principais temas dos perspicazes estudos de Kirsten Marie Bovbjerg sobre a vida profissional, como em "Selvrealisering i arbejdslivet", em Svend Brinkmann e Cecilie Eriksen (orgs.), *Self-realisation: Critical Discussions of a Limitless Development Culture* (Klim, 2005).
4. Ver o artigo em *Berlingske Nyhedsmagasin* (31 de outubro de 2007).
5. Ver Willig, *Kritikkens U-vending*.
6. Sei que a psicologia positiva também recomenda a chamada "bondade aleatória", um tipo de caridade espontânea. No entanto, aqui a motivação é fazer aquele que a pratica sentir-se bem. Defendo o valor intrínseco do ato benevolente, independentemente de qualquer impacto emocional que possa ter na pessoa responsável por ele. Você deve praticar boas ações porque

elas são boas — embora não seja ruim o fato de elas também fazerem com que se sinta bem.

CAPÍTULO 6: LEIA UM ROMANCE — NÃO UM LIVRO DE AUTOAJUDA OU UMA BIOGRAFIA

1. Charles Taylor, *The Ethics of Authenticity* (Harvard University Press, 1991), p. 15.
2. Devo dizer que somente algumas biografias se encaixam nessa categoria. Nem todas são lineares ou triviais. De fato, sou um leitor relativamente ávido de (auto)biografias. Mas elas são melhores quando ignoram as convenções do gênero.
3. Ole Jacob Madsen, *Optimizing the Self: Social Representations of Self-help* (Routledge, 2015).
4. Ver Thomas H. Nielsen, "En uendelig række af spejle — litteraturen og det meningsfulde liv", em C. Eriksen (org.), *Det meningsfulde liv* (Aarhus Universitetsforlag, 2003).
5. Ver o artigo de Jan Kjærstad "Når virkeligheden skifter form", *Information* (30 de setembro de 2011).
6. Ver a obra póstuma de Foucault *Technologies of the Self* (Tavistock, 1988).
7. Ver também "On the Genealogy of Ethics: An Overview of Work in Progress", em P. Rabinow (org.), *The Foucault Reader* (Penguin, 1984).
8. Essa leitura de Houellebecq desenvolve uma análise anterior publicada no artigo "Literature as Qualitative Inquiry: The Novelist as Researcher", *Qualitative Inquiry*, 15 (2009), p. 1376-94.
9. Michel Houellebecq, *Partículas elementares* (Sulina, 1999), p. 252.

10. Hubert Dreyfus e Sean Kelly, *All Things Shining: Reading the Western Classics to Find Meaning in a Secular Age* (Free Press, 2011).
11. Oscar Wilde, *The Complete Works* (Magpie, 1993), p. 32.

CAPÍTULO 7: PENSE NO PASSADO

1. http://www.ankerhus.dk/teori_u.html.
2. Critchley, *How to Stop Living and Start Worrying*, p. 118.
3. Ver, por exemplo, a popular obra científica de Thomas Thaulov Raab e Peter Lund Madsen, *A Book About Memory* (FADL's Publishing, 2013), que defende esse ponto de vista básico.
4. Na Dinamarca, essas perspectivas são melhor apresentadas por minha colega, a professora Lene Tanggaard.
5. Paul Ricoeur, *O si-mesmo como outro* (WMF Martins Fontes, 2014).
6. A citação é do livro *Whose Justice? Which Rationality?* (University of Notre Dame Press, 1988), p. 12.
7. Todas as citações aqui são de Sêneca, *Sobre a brevidade da vida* (Penguin, 2017).
8. Neste livro, usei regularmente a expressão "cumprir seu dever", mas sem realmente definir o conceito. Isso porque acredito que o dever é sempre concreto, não abstrato. As pessoas têm deveres em virtude de seus relacionamentos específicos com outras pessoas. Você tem deveres para com sua mãe, seu pai, seu gerente, seu funcionário, seu professor, seu aluno etc. K. E. Løgstrup indicou, em seu livro *Den etiske fordring*, que você deve usar seu poder sobre os outros para o bem deles, não o seu. A expressão "demanda ética" está próxima do conceito de

dever usado neste livro — e ela é tanto aberta quanto concreta. Ver *Den etiske fordring* (Gyldendal, 1991, originalmente 1956).

9. Em minha opinião, o filósofo pragmático mais interessante é John Dewey, sobre quem escrevi vários artigos e livros, incluindo *John Dewey: Science for a Changing World* (Transaction Publishers, 2013).

APÊNDICE: ESTOICISMO

1. Esse é um dos temas principais de *Dependent Rational Animals: Why Human Beings Need the Virtues* (Carus Publishing Company, 1999), de Alasdair MacIntyre, no qual ele situa nossa existência como animais vulneráveis no centro de um sistema ético baseado em virtudes.
2. Minha revisão histórica da filosofia é baseada particularmente em *A Guide to the Good Life: The Ancient Art of Stoic Joy*, de Irvine.
3. Essa história é contada melhor por Charles Taylor em *Sources of the Self: The Making of the Modern Identity* (Cambridge University Press, 1989).
4. Sêneca, *Om vrede, om mildhed, om sindsro*, p. 27.
5. Irvine, *A Guide to the Good Life*, p. 52.
6. Cícero, *On Living and Dying Well* (Penguin Classics, 2012).
7. Pierre Hadot, *Philosophy as a Way of Life* (Blackwell, 1995), p. 34.

Este livro foi composto na tipografia Sabon LT Std,
em corpo 11/16, e impresso em
papel off-white no Sistema Cameron da
Divisão Gráfica da Distribuidora Record.